맞춤법 + 받아쓰기 동영상 강의

효과적인 맞춤법과 받아...

▶ 친절한 맞춤법 원리 강의

QR코드를 스캔하여 맞춤법 원리 동영상 강의를 바로 볼 수 있습니다. 초능력쌤의 꼼꼼하고 친절한 강의로 맞춤법 실력을 탄탄하게 다져 보세요.

♪ 정확한 소리를 듣는 전체 듣기

QR코드로 전체 내용과 받아쓰기를 들을 수 있습니다. 쓸 때와 들을 때의 소리가 어떻게 다른지를 생각하며 들으면 받아쓰기 실력이 쑥쑥 자라게 됩니다.

학습 진도표

학습을 마칠 때마다
붙임딱지를 붙여 주세요.

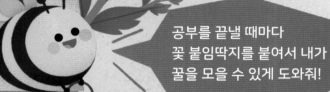
공부를 끝낼 때마다
꽃 붙임딱지를 붙여서 내가
꿀을 모을 수 있게 도와줘!

1주
1일
2일
3일
4일
5일

2주
5일
4일
3일
2일
1일

3주
1일
2일
3일
4일
5일

4주
5일
4일
3일
2일
1일

초능력 시리즈

국어 독해 P~6단계(전 7권)

- 하루 4쪽, 6주 완성
- 국어 독해 능력과 어휘 능력을 한 번에 향상
- 문학, 사회, 과학, 예술, 인물, 스포츠 지문 독해

비주얼씽킹 한국사 1~3권(전 3권)

- 한국사 개념부터 흐름까지 비주얼씽킹으로 완성
- 참쌤의 한국사 비주얼씽킹 동영상 강의
- 사건과 인물로 탐구하는 역사 논술

맞춤법+받아쓰기 1~2학년 1, 2학기(전 4권)

- 쉽고 빠르게 배우는 맞춤법 학습
- 매일 낱말과 문장 바르게 쓰기 연습
- 학년, 학기별 국어 교과서 어휘 학습

비주얼씽킹 과학 1~3권(전 3권)

- 교과서 핵심 개념을 비주얼씽킹으로 완성
- 참쌤의 과학 개념 비주얼씽킹 동영상 강의
- 사고력을 키우는 과학 탐구 퀴즈 / 토론

수학 연산 1~6학년 1, 2학기(전 12권)

- 정확한 연산 쓰기 학습
- 학년, 학기별 중요 단원 연산 강화 학습
- 문제해결력 향상을 위한 연산 적용 학습

★ 연산 특화 교재
- 구구단(1~2학년), 시계·달력(1~2학년), 분수(4~5학년)

급수 한자 8급, 7급, 6급(전 3권)

- 하루 2쪽으로 쉽게 익히는 한자 학습
- 급수별 한 권으로 한자능력검정시험 완벽 대비
- 한자와 연계된 초등 교과서 어휘력 향상

맞춤법+받아쓰기 2·1 진도표 붙임딱지

🐰 학습을 마친 후 '학습 진도표'에 붙임딱지를 붙여 주세요.

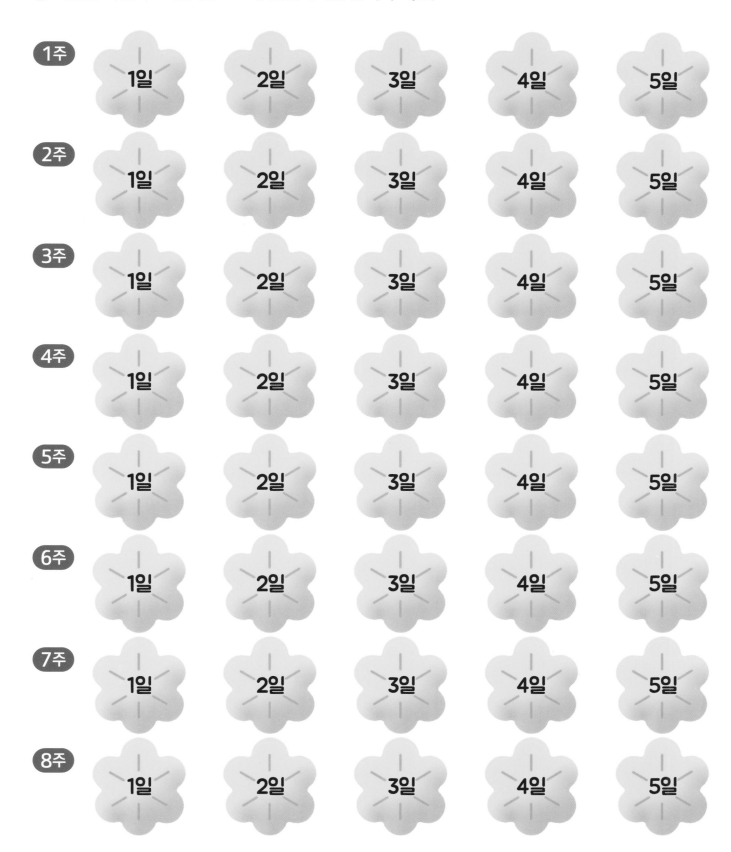

1주 1일	2일	3일	4일	5일
2주 1일	2일	3일	4일	5일
3주 1일	2일	3일	4일	5일
4주 1일	2일	3일	4일	5일
5주 1일	2일	3일	4일	5일
6주 1일	2일	3일	4일	5일
7주 1일	2일	3일	4일	5일
8주 1일	2일	3일	4일	5일

초등 1~2학년
공부 단짝

초능력

맞춤법 +
받아쓰기

초등 국어
2·1

맞춤법+받아쓰기 실력은
1~2학년 때 쌓아야 합니다

1

1~2학년 시기가 가장 중요해요

초등학교 초기에 생긴 학습 격차는 학년이 올라갈수록 더 커지는 특성을 보입니다. 저학년 시기에 학습을 따라가지 못하면 학습에 대한 자신감을 쉽게 잃게 되기 때문입니다. 따라서 저학년 때에는 학습을 잘 따라갈 수 있도록 기초 학습 능력을 키우는 것이 중요합니다.

맞춤법은 국어뿐 아니라 모든 과목 학습의 기초입니다. 낱말과 문장을 맞춤법에 따라 바르게 읽고 쓸 수 있어야 학습 내용을 정확하게 이해할 수 있고, 자신이 이해하고 생각하는 것들을 효과적으로 표현할 수 있습니다.

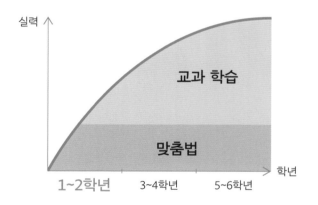

2

교과 어휘와 중요 어휘로 맞춤법을 익혀야 해요

어떤 어휘로 맞춤법을 가르쳐야 할지 고민인 학부모님들이 많습니다. 아이에게는 학년과 학기에 맞춰 꼭 알아 두어야 하는 어휘부터 가르쳐야 합니다. 익혀야 할 기초 교과 어휘를 맞춤법에 따라 정확하게 아는 것이 중요하기 때문입니다. 그리고 일상생활이나 여러 글에서 자주 나오는 어휘를 가르쳐야 합니다. 이러한 어휘들을 바르게 읽고 쓰며 다양한 문장에서 활용할 때 맞춤법 실력과 어휘력이 쑥쑥 자라게 됩니다.

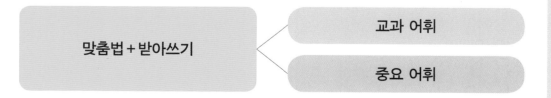

3

꾸준히
반복 연습
해야 해요

아이에게 맞춤법에 맞는 낱말을 꾸준히 반복하여 듣고, 읽고, 손으로 직접 쓰며 익히는 기회를 충분히 주는 것이 우직해 보여도 가장 효과적인 방법입니다. 아이들에게는 자주 접하는 낱말이 쉬운 낱말이기 때문입니다.

학교 교육과정은 단순히 읽고 쓰는 것을 넘어 '유창하게 읽고 쓰기' 수준까지 요구하고 있습니다. 따라서 낱말의 뜻을 생각하며 정확하게 듣고, 읽고, 쓰는 연습도 놓치지 말아야 합니다.

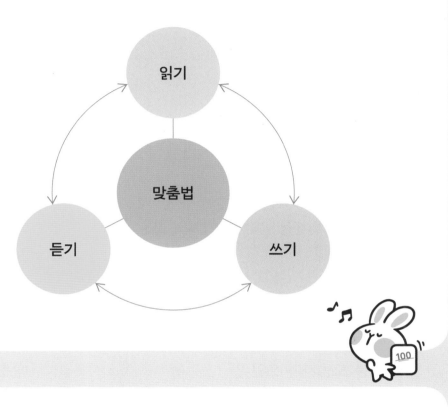

4

초능력 맞춤법
+받아쓰기로
맞춤법 실력을
완성해요

이 책은 학년과 학기에 맞춰 효과적으로 맞춤법을 학습할 수 있게 구성되었습니다. 하루에 한 개씩 맞춤법 원리를 배우고, 배운 원리를 생각하며 낱말을 따라 씁니다. 이때 QR코드를 통해 듣기 자료를 들려 주면 눈과 손과 귀를 통해 여러 감각이 자극되어 학습 효과가 훨씬 커집니다. 그리고 다양한 상황에서의 낱말의 쓰임을 확인하고 정확하게 받아 쓰며 실력을 탄탄하게 쌓을 수 있습니다.

맞춤법 원리 → 따라 쓰기 → 확인하기 → 받아쓰기

맞춤법 실력 완성

초능력 맞춤법 + 받아쓰기
학습 순서

시작 **1·1**　　　　**1·2**

1·1

✔ 기본 자·모음자부터 받침 소리까지 바르게 읽고 쓰는 법을 배웁니다.

✔ 1학년 1학기 교과 어휘와 중요 어휘에서 틀리기 쉬운 말들을 알맞게 구별해서 쓰는 법을 배웁니다.

소리와 같거나 다르게 쓰는 말

· 기본 모음자가 쓰인 말
· 쌍자음자와 받침이 쓰인 말
· 여러 가지 모음자가 쓰인 말
· 받침이 뒤로 넘어가서 소리 나는 말

틀리기 쉬운 말

· 작다 / 적다 ~ 가르치다 / 가리키다
· 바라다 / 바래다 ~ 낳다 / 낫다
· 거름 / 걸음 ~ 엎다 / 업다
· 우리 / 저희 ~ ~이었다 / ~였다

1·2

✔ 대표 소리나 된소리로 소리 나는 말을 바르게 읽고 쓰는 법을 배웁니다.

✔ 1학년 2학기 교과 어휘와 중요 어휘에서 틀리기 쉬운 말들을 알맞게 구별해서 쓰는 법을 배웁니다.

소리와 같거나 다르게 쓰는 말

· 대표 소리 [ㄱ], [ㄷ], [ㅂ]
· ㄱ, ㄲ, ㅋ, ㄷ, ㅌ, ㅂ, ㅍ, ㄴ, ㄹ, ㅁ, ㅇ, ㅅ, ㅆ, ㅈ, ㅊ 받침 뒤에서 된소리가 나는 말

틀리기 쉬운 말

· 아기 / 창피 ~ 가까이 / 솔직히
· 찌개 / 베개 ~ -되 / 돼
· 새다 / 세다 ~ 짓 / 짖다
· 덥다 / 덮다 ~ 바치다 / 받치다
· 날다 / 나르다 ~ 부수다 / 부시다

2·1

✓ 닮은 소리가 나거나 겹받침이 쓰인 말을 바르게 읽고 쓰는 법을 배웁니다.

✓ 2학년 1학기 교과 어휘와 중요 어휘에서 틀리기 쉬운 말들을 알맞게 구별하여 쓰는 법을 배웁니다.

소리와 다르게 쓰는 말

· [ㄴ], [ㄹ], [ㅁ], [ㅇ]으로 소리 나는 말

· 겹받침 ㄳ, ㄵ, ㅄ, ㄼ, ㄾ, ㄺ, ㄻ, ㄿ, ㄶ, ㅀ이 쓰인 말

틀리기 쉬운 말

· 좀 / 거꾸로 ~ 금세 / 요새

· 깁다 / 깊다 ~ 찢다 / 찧다

· 껍질 / 껍데기 ~ 어떻게 / 어떡해

· -던지 / -든지 ~ 윗- / 웃-

· 굳다 / 궂다 ~ 젓다 / 젖다

2·2

✓ 구개음, 거센소리로 나거나 소리가 덧나는 말, 사이시옷이 붙는 말을 바르게 읽고 쓰는 법을 배웁니다.

✓ 2학년 2학기 교과 어휘와 중요 어휘에서 틀리기 쉬운 말들을 알맞게 구별해서 쓰는 법을 배웁니다.

소리와 다르게 쓰는 말

· [ㅈ], [ㅊ]으로 소리 나는 말

· 거센소리가 나는 말

· [ㄴ], [ㄹ] 소리가 덧나는 말

· 사이시옷이 붙는 말

틀리기 쉬운 말

· 설레다 / 헤매다 ~ 맞추다 / 맞히다

· 담그다 / 잠그다 ~ 너머 / 넘어

· 벌리다 / 벌이다 ~ 저리다 / 절이다

· 좇다 / 쫓다 ~ 오랜만 / 오랫동안

· 담다 / 닮다 ~ 해어지다 / 헤어지다

이 책의
구성과 공부 방법

맞춤법 원리 학습 그림과 첨삭, 예문을 활용하여 맞춤법 원리를 제시하였습니다. 낱말에 담긴 맞춤법 원리를 쉽고 빠르게 이해할 수 있습니다.

📱 **학부모 TIP** '맞춤법 강의' QR코드로 접속하여 아이와 강의 영상을 함께 보세요. 선생님의 친절한 맞춤법 강의를 통해 맞춤법 원리를 쉽고 재미있게 이해할 수 있어요.

따라 쓰기 맞춤법 원리에 따라 여러 낱말을 읽어 보고, 정확하게 따라 쓰며 맞춤법을 익힐 수 있습니다.

🎧 **학부모 TIP** '전체 듣기' QR코드로 접속하면 해당 페이지의 활동 낱말과 문장을 모두 들을 수 있어요. 정확하게 발음하는 소리를 들으면서 학습하면 여러 감각이 자극되어 기억에 오래 남아요.

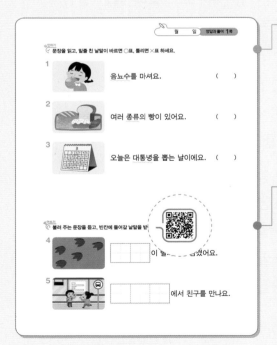

확인하기 앞에서 배운 낱말을 다양한 상황에 적용하고, 바르게 쓰인 낱말을 확인합니다.

받아쓰기 소리를 듣고 맞춤법에 맞게 낱말을 정확하게 받아씁니다. 소리가 비슷하여 헷갈린다면 낱말의 뜻을 생각하여 문장 안에 들어갈 알맞은 낱말로 받아씁니다.

🔊 **학부모 TIP** 활동 옆 QR코드로 접속하여 받아쓰기 음성만 따로 들려 줄 수 있어요. 또는 정답과 풀이 뒷부분에 있는 '듣기 대본'을 부모님께서 직접 읽어 주셔도 좋아요. 듣기 배속을 조절하며 들을 수 있으므로, 빠르게 쓰는 것보다 정확하게 쓸 수 있도록 충분한 기회를 주세요.

하루 2쪽

☑ **쉽고 빠르게** 맞춤법 원리 학습

☑ **교과 어휘**와 **중요 어휘**로 어휘력 향상

5일

확인하기 한 주 동안 배운 내용을 다시 확인하며 학습을 마무리합니다.

받아쓰기 한 주 동안 배운 낱말을 떠올리며, 문장을 듣고 짧은 문장부터 긴 문장까지 받아씁니다.

🎧 **학부모 TIP** 문장 전체를 받아써야 하므로 듣기 음성은 여러 차례 들려 주세요. 그리고 자연스럽게 띄어쓰기를 익힐 수 있도록 '이렇게 띄어 쓰세요' 코너를 안내해 주세요.

어휘력 키우기 그림과 뜻풀이를 통해 낱말을 다시 한번 확인하며 어휘력을 쌓을 수 있습니다.

👍 **학부모 TIP** 한 주의 학습을 마친 후 소리 내어 낱말을 읽고 낱말의 뜻을 확인하세요. 손으로 낱말을 가리고, 그림과 뜻에 맞는 낱말을 맞혀 보게 하는 것도 좋아요.

이 책의
차례

	일차	공부할 내용	쪽수
1주	**1일**	[ㄴ]으로 소리 나는 말 1	16쪽
	2일	[ㄴ]으로 소리 나는 말 2	18쪽
	3일	[ㄹ]로 소리 나는 말 1	20쪽
	4일	[ㄹ]로 소리 나는 말 2	22쪽
	5일	실력 쑥쑥 마무리 + 어휘력 키우기	24쪽
2주	**1일**	[ㅁ]으로 소리 나는 말 1	28쪽
	2일	[ㅁ]으로 소리 나는 말 2	30쪽
	3일	[ㅇ]으로 소리 나는 말 1	32쪽
	4일	[ㅇ]으로 소리 나는 말 2	34쪽
	5일	실력 쑥쑥 마무리 + 어휘력 키우기	36쪽
3주	**1일**	겹받침 ㄳ, ㄵ, ㅄ이 쓰인 말	40쪽
	2일	겹받침 ㄲ, ㄺ이 쓰인 말	42쪽
	3일	겹받침 ㄹㄱ, ㄻ, ㄿ이 쓰인 말	44쪽
	4일	겹받침 ㄶ, ㅀ이 쓰인 말	46쪽
	5일	실력 쑥쑥 마무리 + 어휘력 키우기	48쪽
4주	**1일**	좀 / 거꾸로	52쪽
	2일	설거지 / 옷걸이	54쪽
	3일	돌멩이 / 알맹이	56쪽
	4일	금세 / 요새	58쪽
	5일	실력 쑥쑥 마무리 + 어휘력 키우기	60쪽

일차	공부할 내용	쪽수
5주 1일	깁다 / 깊다	64쪽
2일	−장이 / −쟁이	66쪽
3일	띠다 / 띄다	68쪽
4일	찢다 / 찧다	70쪽
5일	실력 쑥쑥 마무리 + 어휘력 키우기	72쪽
6주 1일	껍질 / 껍데기	76쪽
2일	시키다 / 식히다	78쪽
3일	묵다 / 묶다	80쪽
4일	어떻게 / 어떡해	82쪽
5일	실력 쑥쑥 마무리 + 어휘력 키우기	84쪽
7주 1일	−던지 / −든지	88쪽
2일	대로 / 데로	90쪽
3일	∼로서 / ∼로써	92쪽
4일	윗− / 웃−	94쪽
5일	실력 쑥쑥 마무리 + 어휘력 키우기	96쪽
8주 1일	굳다 / 궂다	100쪽
2일	꼽다 / 꽂다	102쪽
3일	뺏다 / 뺐다	104쪽
4일	젓다 / 젖다	106쪽
5일	실력 쑥쑥 마무리 + 어휘력 키우기	108쪽

1 받침이 대표 소리로 나는 말

ㄱ, ㄲ, ㅋ 받침은 [ㄱ]으로, ㄷ, ㅅ, ㅆ, ㅈ, ㅊ, ㅌ 받침은 [ㄷ]으로, ㅂ, ㅍ 받침은 [ㅂ]으로 소리 나요. 이때 [ㄱ], [ㄷ], [ㅂ]을 대표 소리라고 해요. 읽을 때 받침이 대표 소리로 나더라도 쓸 때에는 원래 받침을 그대로 살려서 써야 해요.

창밖

키읔

받침

연못

밤낮

윷

가마솥

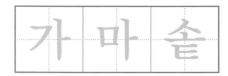

집

잎

2 받침 뒤에서 된소리가 나는 말

ㄱ, ㄲ, ㅋ, ㄷ, ㅌ, ㅂ, ㅍ, ㅅ, ㅆ, ㅈ, ㅊ 받침 뒤에 ㄱ, ㄷ, ㅂ, ㅅ, ㅈ으로 시작하는 말이 오면 [ㄲ], [ㄸ], [ㅃ], [ㅆ], [ㅉ]과 같이 된소리로 소리 나요. 또 ㄴ, ㄹ, ㅁ, ㅇ 받침 뒤에서도 된소리로 소리 나기도 해요. 하지만 쓸 때에는 원래 낱말의 모양을 살려서 써야 해요.

책장

| 책 | 장 |

낚시

| 낚 | 시 |

장난감

| 장 | 난 | 감 |

듣다

| 듣 | 다 |

팥죽

| 팥 | 죽 |

숲속

| 숲 | 속 |

썼다

| 썼 | 다 |

등불

| 등 | 불 |

꽃밭

| 꽃 | 밭 |

3 잘못 쓰기 쉬운 말

우리가 쓰는 말 중에 소리나 모양이 비슷해서 잘못 쓰기 쉬운 낱말이 있어요. 잘못 쓰면 틀린 낱말이 되므로 낱말의 소리와 모양, 뜻을 익혀서 정확하게 써야 해요.

며칠 몇 날.

알맞은 어떤 조건이나 기준에 잘 맞아 넘치거나 모자라지 않은.

가까이 거리가 멀지 않은 곳에.

솔직히 마음이나 행동 등이 거짓이나 꾸밈이 없이 바르게.

찌개 국물을 적게 하여 고기, 채소, 두부와 양념을 넣고 끓인 반찬.

베개 잠을 자거나 누울 때에 머리를 받치는 물건.

4 뜻에 맞게 구별해서 써야 하는 말

소리와 모양은 비슷하지만 뜻이 다른 낱말이 있어요. 이런 낱말들은 헷갈리기 쉬우니 뜻을 정확하게 익힌 후에 알맞게 구별해서 써야 해요.

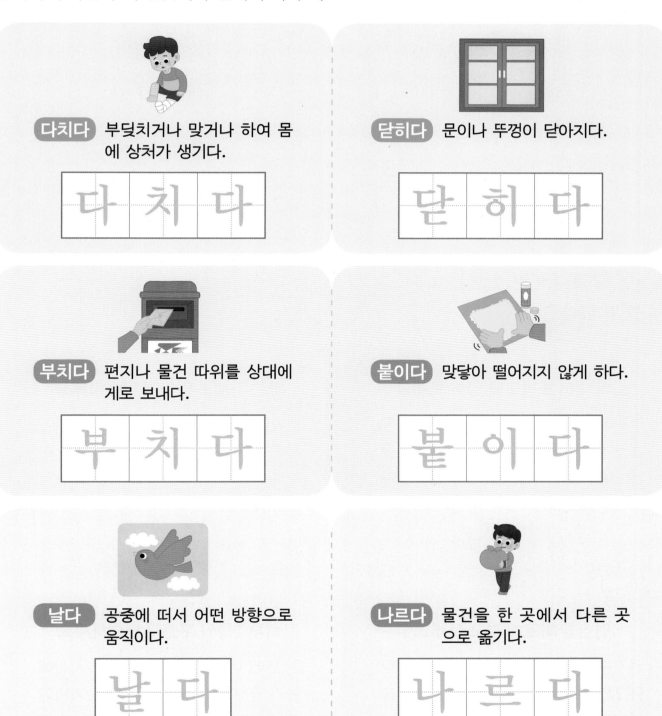

다치다 부딪치거나 맞거나 하여 몸에 상처가 생기다.

다 치 다

닫히다 문이나 뚜껑이 닫아지다.

닫 히 다

부치다 편지나 물건 따위를 상대에게로 보내다.

부 치 다

붙이다 맞닿아 떨어지지 않게 하다.

붙 이 다

날다 공중에 떠서 어떤 방향으로 움직이다.

날 다

나르다 물건을 한 곳에서 다른 곳으로 옮기다.

나 르 다

초능력 맞춤법 + 받아쓰기
이렇게 학습하세요!

소리 내어 또박또박 읽어 보세요

정확하게 읽기가 어렵다면 QR코드를 통해서 선생님이 불러 주는 '전체 듣기'를 들으며 따라 읽어 보세요. 읽으면서 글자의 모양과 소리가 어떠한지 살펴보아요.

바른 자세로 앉아서 학습하세요

의자에 앉을 때는 엉덩이가 맨 뒤까지 닿도록 하고 허리를 곧게 펴야 해요. 이때 다리를 꼬거나 손으로 턱을 괴지 않도록 해요.

연필을 바르게 잡고 쓰세요

엄지손가락과 검지를 둥글게 하여 연필을 잡고, 가운뎃손가락으로는 연필을 받쳐요. 그리고 손가락이 연필심과 너무 가깝거나 멀지 않게 해야 해요.

하루 2쪽씩 꾸준히 연습하세요

한 번에 너무 많이 학습하거나 시간에 쫓겨 공부하면 학습한 내용이 기억에 오래 남지 않아요. 매일 공부하는 습관을 기르며 차근차근 실력을 쌓아 가세요.

1주

시작 →

1일
[ㄴ]으로
소리 나는 말 1

2일
[ㄴ]으로
소리 나는 말 2

5일
실력 쑥쑥 마무리

4일
[ㄹ]로
소리 나는 말 2

3일
[ㄹ]로
소리 나는 말 1

[ㄴ]으로 소리 나는 말 1

전체 듣기

 공룡 ▷ 🔊소리 [공ː뇽]

✏️쓰기 | 공 | 룡 |

맞춤법 강의

뒤 글자의 첫소리 ㄹ이 앞 글자의 ㅁ, ㅇ 받침을 닮아 [ㄴ]으로 소리 나는 경우가 있어요. 하지만 쓸 때에는 원래 받침대로 써야 해요.

따라쓰기

✍️ 낱말을 소리 내어 읽고, 바르게 따라 쓰세요.

🔊소리　　✏️쓰기

 음료수 ▷ 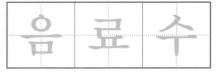 [음ː뇨수] | 음 | 료 | 수 |

 종류 ▷  [종ː뉴] | 종 | 류 |

 정류장 ▷  [정뉴장] | 정 | 류 | 장 |

 대통령 ▷ [대ː통녕] | 대 | 통 | 령 |

확인하기

✓ 문장을 읽고, 밑줄 친 낱말이 바르면 ○표, 틀리면 ✕표 하세요.

1

음뇨수를 마셔요.　　　　(　)

2

여러 종류의 빵이 있어요.　　　(　)

3

오늘은 대통녕을 뽑는 날이에요.　(　)

받아쓰기

🎧 불러 주는 문장을 듣고, 빈칸에 들어갈 낱말을 받아쓰세요.

4

이 발자국을 남겼어요.

5

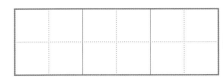

에서 친구를 만나요.

[ㄴ]으로 소리 나는 말 2

전체 듣기

 **빛나요** ▶ 🔊소리 [빈나요]

✏️쓰기
빛 | 나 | 요

 앞 글자의 받침이 뒤 글자의 첫소리 ㄴ을 닮아 [ㄴ]으로 소리 나는 경우가 있어요. 하지만 쓸 때에는 원래 받침대로 써야 해요.
맞춤법 강의

따라쓰기
🖊 낱말을 소리 내어 읽고, 바르게 따라 쓰세요.

🔊소리　　　　✏️쓰기

 **닫는** ▶ [단는]
닫 | 는

 **옛날** ▶ [옌ː날]
옛 | 날

 **찾는** ▶ [찬는]
찾 | 는

 **놓는** ▶ [논는]
놓 | 는

확인하기
문장을 읽고, 바르게 쓴 낱말에 ○표 하세요.

1 촛불이 환하게   빈나요   /   빛나요 .

2 *선비가 책을   찾는   /   찬는   중이에요.
   ***선비** 옛날에 학문을 배우고 익힌 사람.

3   옛날   /   옌날   에는 촛불을 켜고 책을 읽었어요.

 받아쓰기
불러 주는 문장을 듣고, 빈칸에 들어갈 낱말을 받아쓰세요.

4    뚜껑을 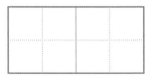 중이에요.

5    컵을  소리가 나요.

[ㄹ]로 소리 나는 말 1

전체 듣기

물놀이

🔊소리

[물로리]

✏️쓰기

| 물 | 놀 | 이 |

맞춤법 강의

뒤 글자의 첫소리 ㄴ이 앞 글자의 ㄹ 받침을 닮아 [ㄹ]로 소리 나는 경우가 있어요. 하지만 쓸 때에는 원래 모양대로 써야 해요.

따라쓰기
낱말을 소리 내어 읽고, 바르게 따라 쓰세요.

🔊소리　　　　✏️쓰기

설날

[설ː랄]

| 설 | 날 |

칼날

[칼랄]

| 칼 | 날 |

실내화

[실래화]

| 실 | 내 | 화 |

줄넘기

[줄럼끼]

| 줄 | 넘 | 기 |

확인하기

✓ 문장을 읽고, 빈칸에 들어갈 바른 낱말을 찾아 선으로 이으세요.

1

☐ 를
신어요.

・

・ 실래화

・ 실내화

2

☐ 연습을
해요.

・

・ 줄럼끼

・ 줄넘기

3

☐ 에
윷놀이를 해요.

・

・ 설날

・ 설랄

받아쓰기

🎧 불러 주는 문장을 듣고, 빈칸에 들어갈 낱말을 받아쓰세요.

4

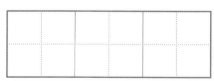 할 준비를 해요.

5

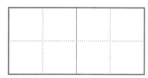 에 손가락을 베였어요.

[ㄹ]로 소리 나는 말 2

전체 듣기

 **한라산**

🔊 소리
[할ː라산]

✏️ 쓰기

한	라	산

맞춤법 강의

앞 글자의 ㄴ 받침이 뒤 글자의 첫소리 ㄹ을 닮아 [ㄹ]로 소리 나는 경우가 있어요. 하지만 쓸 때에는 원래 받침대로 써야 해요.

✏️ 따라쓰기

🖊 낱말을 소리 내어 읽고, 바르게 따라 쓰세요.

🔊 소리   ✏️ 쓰기

 **관람**

[괄람]

관	람

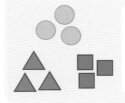 **분류**

[불류]

분	류

 **난로**

[날ː로]

난	로

 **산신령**

[산실령]

산	신	령

확인하기

✓ 문장을 읽고, 바르게 쓴 낱말에 ○표 하세요.

1

산신령

산실령

이 나타났어요.

2

날로

난로

에 손을 녹여요.

3

쓰레기를

불류

분류

해서 버려요.

받아쓰기

🎧 불러 주는 문장을 듣고, 빈칸에 들어갈 낱말을 받아쓰세요.

4

에 올라요.

5

축구 경기를  하러 가요.

✓확인하기
아기 돼지가 밥을 먹을 수 있도록 밑줄 친 낱말이 바르게 쓰인 음식에 모두 ○표 하세요.

1

| 음료수를 사요. | 공뇽은 아주 커요. | 줄넘기를 해요. |

✓확인하기
⬜ 에 들어갈 바른 낱말을 찾아 선으로 이으세요.

2

⬜ 를 켜니 따뜻해요.

· 난로

· 날로

3

식탁에 숟가락을 ⬜ 중이에요.

· 논는

· 놓는

받아쓰기 불러 주는 문장을 잘 듣고, 맞춤법에 주의하며 받아쓰세요.

4

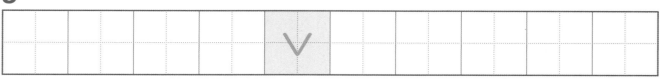

5

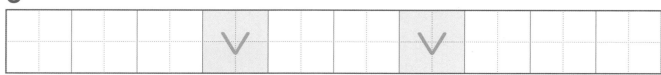

6

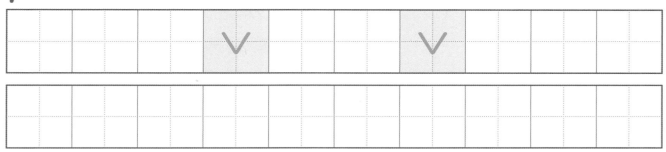

7

8

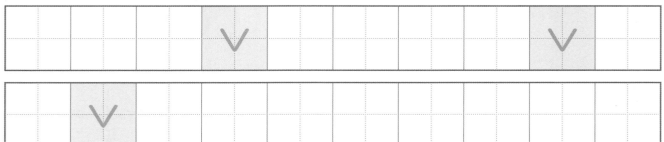

이렇게 띄어 쓰세요

'~을/를'과 같은 말은 앞말에 붙여 쓰고, 뒤에 오는 말과 띄어 써요.

🐰 이번 주에 배운 낱말을 다시 읽고, 그 뜻을 익혀 보세요.

종류

뜻 어떤 기준에 따라 여러 가지 사물을 나눈 갈래.

대통령

뜻 최고의 권력을 지니고 나라를 다스리는 사람.

놓다

뜻 물건을 어디에 있게 두다.

난로

뜻 열을 내어 방 안을 따뜻하게 하는 기구.

설날

뜻 우리나라 명절의 하나. 음력 1월 1일.

칼날

뜻 물건을 베는, 칼의 날카로운 부분.

관람

뜻 연극, 영화, 운동 경기, 미술품 따위를 구경하는 것.

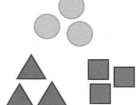

분류

뜻 여럿 중에서 같은 성질을 가진 것끼리 나누어 놓는 것.

2주

시작 →

1일
[ㅁ]으로
소리 나는 말 1

2일
[ㅁ]으로
소리 나는 말 2

5일
실력 쑥쑥 마무리

4일
[ㅇ]으로
소리 나는 말 2

3일
[ㅇ]으로
소리 나는 말 1

1일 [ㅁ]으로 소리 나는 말 1

🔊소리

입맛 ▶ [임맏]

✏️쓰기

입	맛

맞춤법 강의

ㅂ 받침은 뒤에 ㄴ, ㅁ 또는 ㄹ로 시작하는 말이 오면 [ㅁ]으로 소리 나요. ㅂ 받침이 [ㅁ]으로 소리 나더라도 쓸 때에는 원래 받침을 그대로 써야 해요.

따라쓰기

🔘 낱말을 소리 내어 읽고, 바르게 따라 쓰세요.

🔊소리　　✏️쓰기

잡는 ▶ 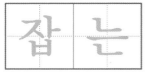[잠는]

잡	는

굽는 ▶ 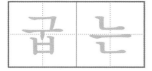[굼⋅는]

굽	는

압력솥 ▶ [암녁쏟]

압	력	솥

밥물 ▶ [밤물]

밥	물

문장을 읽고, 바르게 쓴 낱말에 ○표 하세요.

1

압력솥

암녁솓   으로 밥을 지어요.

2

빵 냄새에   입맛

임맏   이 돌아요.

3

손을 넣어   밤물

밥물   을 맞춰요.

받아쓰기

불러 주는 문장을 듣고, 빈칸에 들어갈 낱말을 받아쓰세요.

4

고기를  냄새가 나요.

5

고양이가 쥐를 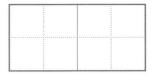 중이에요.

[ㅁ]으로 소리 나는 말 2

전체 듣기

🔊 소리　　　✏️ 쓰기

옆문 ▶ [염문]

옆 문

맞춤법 강의

ㅍ 받침은 뒤에 ㄴ이나 ㅁ으로 시작하는 말이 오면 [ㅁ]으로 소리 나요. ㅍ 받침이 [ㅁ]으로 소리 나더라도 쓸 때에는 원래 받침을 그대로 써야 해요.

✏️ 따라쓰기

🖊️ 낱말을 소리 내어 읽고, 바르게 따라 쓰세요.

🔊 소리　　　✏️ 쓰기

갚는 ▶ [감는]

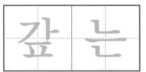

갚 는

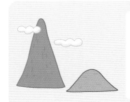

높낮이 ▶ [놈나지]

높 낮 이

앞마당 ▶ [암마당]

앞 마 당

앞머리 ▶ [암머리]

앞 머 리

확인하기

✔ **문장을 읽고, 빈칸에 들어갈 알맞은 낱말을 찾아 선으로 이으세요.**

1

☐ 를
잘라요.
·

· 암머리

· 앞머리

2

☐ 를
*조절해요.
·

· 높낮이

· 놈나지

***조절해요** 기울어지지 않게 바로잡아요.

3

☐ 이
열려 있어요.
·

· 옆문

· 염문

2주

받아쓰기

🎧 **불러 주는 문장을 듣고, 빈칸에 들어갈 낱말을 받아쓰세요.**

4

을 청소해요.

5

은혜를 ☐☐ 방법을 찾았어요.

🔊소리　　✏️쓰기

함박눈 ▶ [함방눈]

함	박	눈

ㄱ, ㄲ 받침은 뒤에 ㄴ으로 시작하는 말이 오면 [ㅇ]으로 소리 나요. ㄱ, ㄲ 받침이 [ㅇ]으로 소리 나더라도 쓸 때에는 원래 받침을 그대로 써야 해요.

따라쓰기

📝 낱말을 소리 내어 읽고, 바르게 따라 쓰세요.

🔊소리　　✏️쓰기

막내 ▶ [망내]

막	내

먹는 ▶ [멍는]

먹	는

학년 ▶ [항년]

학	년

닦는 ▶ [당는]

닦	는

확인하기

문장을 읽고, 밑줄 친 낱말이 바르면 ○표, 틀리면 ✕표 하세요.

1    함박눈이 내려요.   (   )

2    밥을 멍는 시간이에요.   (   )

3    구두를 닦는 중이에요.   (   )

받아쓰기

불러 주는 문장을 듣고, 빈칸에 들어갈 낱말을 받아쓰세요.

4    저는 2이에요.

5    가 태어났어요.

[ㅇ]으로 소리 나는 말 2

전체 듣기

🔊소리　　　✏️쓰기

 **국물** ▶ [궁물]　　국 물

맞춤법 강의

ㄱ 받침은 뒤에 ㅁ으로 시작하는 말이 오면 [ㅇ]으로 소리 나요. ㄱ 받침이 [ㅇ]으로 소리 나더라도 쓸 때에는 원래 받침을 그대로 써야 해요.

✏️따라쓰기
낱말을 소리 내어 읽고, 바르게 따라 쓰세요.

🔊소리　　　✏️쓰기

 **국민** ▪ [궁민]　　국 민

 **목마** ▶ [몽마]　　목 마

 **박물관** ▶ [방물관]　　박 물 관

 **식물** ▶ [싱물]　　식 물

확인하기
✓ 문장을 읽고, 낱말을 바르게 쓴 문장에 ✓표 하세요.

1

☐ 그릇에 궁물을 담아요.
☐ 그릇에 국물을 담아요.

2

☐ 밭에 식물을 심어요.
☐ 밭에 싱물을 심어요.

3

☐ 나무를 깎아 목마를 만들어요.
☐ 나무를 깎아 몽마를 만들어요.

받아쓰기
🎧 불러 주는 문장을 듣고, 빈칸에 들어갈 낱말을 받아쓰세요.

4

대통령은 ☐☐이 뽑아요.

5

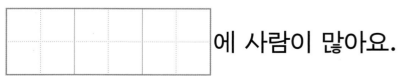

☐☐☐☐에 사람이 많아요.

확인하기 ✓
에 들어갈 알맞은 글자를 들고 있는 친구를 찾아 선으로 이으세요.

1

| 노낮이가 달라요. | 바물관에 가요. | 이맛이 좋아요. |

ㄱ   ㅂ   ㅍ

확인하기 ✓
에 들어갈 바른 낱말을 찾아 선으로 이으세요.

2

바닥에 ___ 을 쏟았어요.

· 국물
· 궁물

3

___ 가 많이 자랐어요.

· 암머리
· 앞머리

받아쓰기
불러 주는 문장을 잘 듣고, 맞춤법에 주의하며 받아쓰세요.

4

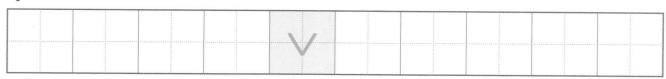

5

6

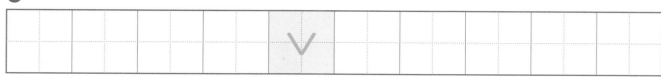

7

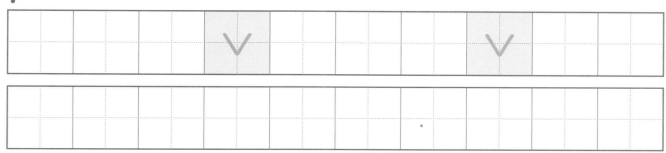

8

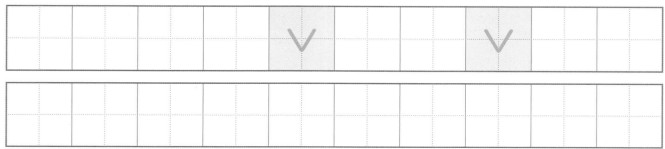

 이렇게 띄어 쓰세요

'~이/가'는 앞말과 붙여 쓰고, 뒤에 오는 말과 띄어 써요.

🐰 이번 주에 배운 낱말을 다시 읽고, 그 뜻을 익혀 보세요.

밥물

뜻 밥을 지을 때 쌀의 양에 맞추어 붓는 물.

압력솥

뜻 공기가 들어가지 않게 하여 빠르게 요리할 수 있는 솥.

갚다

뜻 남에게 빌린 것을 도로 돌려주다.

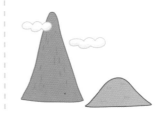

높낮이

뜻 높음과 낮음.

막내

뜻 형제나 자매 중에서 마지막으로 태어난 사람.

학년

뜻 일 년마다 바뀌는 학교 교육의 단계.

국민

뜻 한 나라를 이루는 사람.

목마

뜻 나무로 말의 모양을 깎아 만든 물건.

3주

시작

1일
겹받침 ㄳ, ㄵ, ㅄ이
쓰인 말

2일
겹받침 ㄼ, ㄾ이
쓰인 말

5일
실력 쑥쑥 마무리

4일
겹받침 ㄶ, ㅀ이
쓰인 말

3일
겹받침 ㄺ, ㄻ,
ㄿ이 쓰인 말

겹받침 ㄳ, ㄵ, ㅄ이 쓰인 말

전체 듣기

🔊⬅소리 　　　　 ✏쓰기

앉다 ▶ [안따]

앉 다

맞춤법 강의

ㄳ, ㄵ, ㅄ과 같은 겹받침은 읽을 때 앞의 자음자만 남아서 ㄳ은 [ㄱ], ㄵ은 [ㄴ], ㅄ은 [ㅂ]으로 소리 나요. 하지만 쓸 때에는 원래 받침인 ㄳ, ㄵ, ㅄ을 살려서 써야 해요.

📝라쓰기
낱말을 소리 내어 읽고, 바르게 따라 쓰세요.

🔊⬅소리 　　　　 ✏쓰기

몫 ▶ [목]

몫

얹다 ▶ [언따]

얹 다

없다 ▶ [업ː따]

없 다

가엾다 ▶ [가ː엽따]

가 엾 다

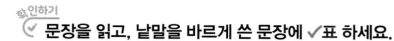
확인하기
문장을 읽고, 낱말을 바르게 쓴 문장에 ✓표 하세요.

1

☐ 이마에 손을 언따.
☐ 이마에 손을 얹다.

2

☐ 이 과자는 너의 몫이야.
☐ 이 과자는 너의 목이야.

3

☐ 공원에 쓰레기통이 없다.
☐ 공원에 쓰레기통이 업따.

받아쓰기
불러 주는 문장을 듣고, 빈칸에 들어갈 낱말을 받아쓰세요.

4

의자에 바르게 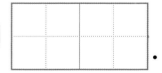 .

5

비를 맞은 고양이가 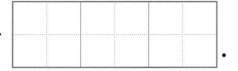 .

겹받침 ㄼ, ㄾ이 쓰인 말

전체 듣기

🔊 소리

얇다 ▶ [얄ː따]

✏️ 쓰기

얇	다

맞춤법 강의

ㄼ, ㄾ과 같은 겹받침은 읽을 때 앞의 자음자만 남아서 [ㄹ]로 소리 나는 경우가 있어요. 하지만 쓸 때에는 원래 받침인 ㄼ, ㄾ을 살려서 써야 해요.

✏️**따라쓰기**

🖊 **낱말을 소리 내어 읽고, 바르게 따라 쓰세요.**

🔊 소리   ✏️ 쓰기

여덟 ▶ [여덜]

여	덟

짧다 ▶ [짤따]

짧	다

핥다 ▶ [할따]

핥	다

훑다 ▶ [훌따]

훑	다

확인하기
문장을 읽고, 바르게 쓴 낱말에 ◯표 하세요.

1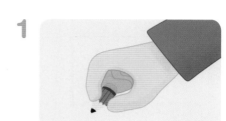

연필이　　짧다.
　　　　　　짤따.

2

책의 내용을　　훑따.
　　　　　　　　훑다.

3

저는　여덟　살이에요.
　　　여덜

받아쓰기
불러 주는 문장을 듣고, 빈칸에 들어갈 낱말을 받아쓰세요.

4

옷이 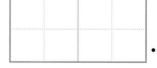 .

5

어미 개가 새끼를 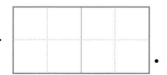 .

3일 겹받침 ㄺ, ㄻ, ㄿ이 쓰인 말

🔊 소리

맑다 ▶ [막따]

✏️ 쓰기

| 맑 | 다 |

맞춤법 강의

> 겹받침 ㄺ, ㄻ, ㄿ은 읽을 때 뒤의 자음자만 남아서 ㄺ은 [ㄱ]으로 소리 나는 경우가 있고, ㄻ은 [ㅁ], ㄿ은 [ㅂ]으로 소리 나요. 하지만 쓸 때에는 소리 나지 않는 받침도 살려서 써야 해요.

따라쓰기

낱말을 소리 내어 읽고, 바르게 따라 쓰세요.

🔊 소리   ✏️ 쓰기

닭 [닥]

| 닭 | |

젊다 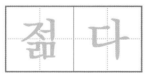 [점ː따]

| 젊 | 다 |

삶다  [삼ː따]

| 삶 | 다 |

읊다  [읍따]

| 읊 | 다 |

확인하기

문장을 읽고, 빈칸에 들어갈 바른 낱말을 찾아 선으로 이으세요.

1

국수를 [   ].

· 삶다

· 삼따

2

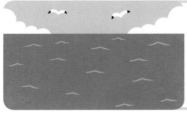

나이가 [   ].

· 젊다

· 점따

3

바닷물이 [   ].

· 막따

· 맑다

3주

받아쓰기

불러 주는 문장을 듣고, 빈칸에 들어갈 낱말을 받아쓰세요.

4

[ ]이 알을 품어요.

5

무대에서 시를 [   ].

 끊다 [끈타]

끊다

겹받침 ᆭ, ᆶ은 뒤에 어떤 글자가 오느냐에 따라 소리 내는 방법이 달라져요. 하지만 쓸 때에는 원래 받침인 ᆭ, ᆶ을 살려서 써야 해요.

맞춤법 강의

 따라쓰기
낱말을 소리 내어 읽고, 바르게 따라 쓰세요.

🔊 소리   ✏️ 쓰기

 괜찮다 [괜찬타]  괜찮다

 귀찮다 [귀찬타]  귀찮다

 끓다 [끌타]  끓다

 싫다 [실타]  싫다

확인하기

✓ **문장을 읽고, 밑줄 친 낱말이 바르면 ○표, 틀리면 ✕표 하세요.**

1  테이프를 <u>끊다</u>. ☐

3주

2  병원에 가기 <u>싫다</u>. ☐

3  장난감을 정리하기 <u>귀찬타</u>. ☐

받아쓰기

🎧 **불러 주는 문장을 듣고, 빈칸에 들어갈 낱말을 받아쓰세요.**

4  주전자의 물이 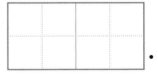 .

5  오늘은 기분이  .

확인하기
개구리가 친구를 만날 수 있도록 밑줄 친 낱말이 바르게 쓰인 잎을 선으로 이으세요.

확인하기
에 들어갈 바른 낱말을 찾아 선으로 이으세요.

2

비가 그치고 나니
하늘이 _____.

· 맑다

· 막따

3

달걀이 깨지지 않도록
조심히 _____.

· 삼따

· 삶다

받아쓰기

🎧 불러 주는 문장을 잘 듣고, 맞춤법에 주의하며 받아쓰세요.

4

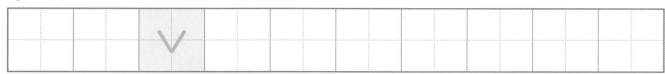

5

6

7

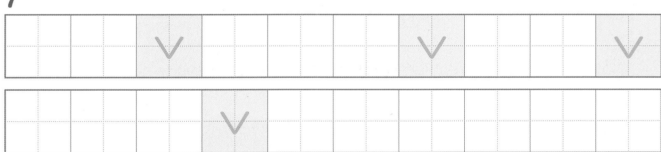

8

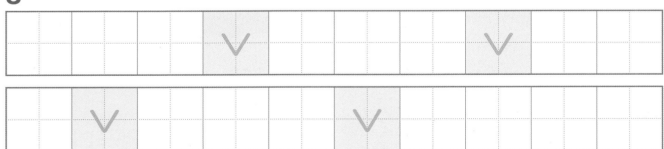

이렇게 띄어 쓰세요

'조심히'와 같은 말은 혼자 쓰일 수 있으므로 앞뒤의 말과 모두 띄어 써요.

🖐 이번 주에 배운 낱말을 다시 읽고, 그 뜻을 익혀 보세요.

얹다

뜻 위에 올려놓다.

가엾다

뜻 마음이 아플 만큼 불쌍하다.

핥다

뜻 혀가 어떤 것의 겉을 살짝 닿으면서 지나가게 하다.

훑다

뜻 무엇을 쭉 살펴보다.

삶다

뜻 물에 넣고 끓이다.

읊다

뜻 소리의 높낮이를 다르게 하여 시를 읽거나 외다.

끓다

뜻 물과 같은 것이 뜨거워져 소리를 내면서 거품이 솟아오르다.

끊다

뜻 실이나 줄, 끈처럼 이어진 것을 잘라 떨어지게 하다.

4주

시작 →

1일
종 / 거꾸로

2일
설거지 / 옷걸이

5일
실력 쑥쑥 마무리

4일
금세 / 요새

3일
돌멩이 / 알맹이

 **좀**

🔵 뜻 '양이 적게.', '시간이 짧게.'를 뜻하는 '조금'을 줄인 말.

🔵 예 지우개가 좀 비싸요.

거꾸로

🔵 뜻 차례나 방향이 반대로 되게.

🔵 예 옷을 거꾸로 입었어요.

'좀', '거꾸로'를 쓸 때 잘못 쓰기가 쉬워요. '쫌', '꺼꾸로'처럼 소리 나는 대로 쓰지 않도록 조심해야 해요.

 따라쓰기

🔵 문장을 소리 내어 읽고, 낱말을 바르게 따라 쓰세요.

 좀 기다려 주세요.

 국에 소금을 좀 더 넣어요.

 시계를  거 꾸 로 돌려요.

확인하기
문장을 읽고, 밑줄 친 낱말이 바르면 ○표, 틀리면 ×표 하세요.

1

물 <u>좀</u> 더 줄래?

물 <u>쫌</u> 더 줄게.

2

<u>꺼꾸로</u> 가 볼까?

<u>거꾸로</u> 가 보자.

받아쓰기
 불러 주는 문장을 듣고, 빈칸에 들어갈 낱말을 받아쓰세요.

3

배춧값이 [　　] 올랐어요.

4

나무에 [　　　　] 매달려요.

설거지

옷걸이

뜻 음식을 담아 먹은 그릇을 씻어 정리하는 일.

뜻 옷을 걸어 두도록 만든 물건.

예 깨끗이 설거지를 해요.

예 옷걸이에 옷을 걸어요.

맞춤법 강의
'설거지'를 '설겆이', '옷걸이'를 '옷거리'로 잘못 쓰는 경우가 있어요. '설겆이'와 '옷거리'는 잘못된 표현이므로 낱말의 뜻과 모양을 익혀 바르게 쓰도록 해요.

따라쓰기
문장을 소리 내어 읽고, 낱말을 바르게 따라 쓰세요.

아빠와 | 설 | 거 | 지 |를 해요.

| 설 | 거 | 지 |할 접시가 많아요.

| 옷 | 걸 | 이 |에 수건을 걸어요.

확인하기
✓ 문장을 읽고, 바르게 쓴 낱말에 ○표 하세요.

4주

1 벗은 옷을   옷걸이 / 옷거리 에 걸어요.

2   설겆이 / 설거지 를 하다가 옷이 젖었어요.

받아쓰기
🎧 불러 주는 문장을 듣고, 빈칸에 들어갈 낱말을 받아쓰세요.

3

저녁을 먹고 |　|　|　|　| 해요.

4

|　|　|　|　| 에 걸린 옷을 주세요.

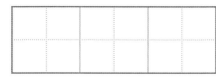

3일 돌멩이 / 알맹이

돌멩이

뜻 돌덩이보다 작은 돌.

예 돌멩이를 주워요.

알맹이

뜻 물건의 껍데기나 껍질을 벗기고 남은 속 부분.

예 포도 알맹이를 먹어요.

맞춤법 강의

'돌멩이'는 '돌맹이', '알맹이'는 '알멩이'로 잘못 쓰기 쉬워요. 낱말을 여러 번 써 보며 모음자 'ㅔ'와 'ㅐ'를 바르게 쓸 수 있도록 연습해 보아요.

따라쓰기
🖊 문장을 소리 내어 읽고, 낱말을 바르게 따라 쓰세요.

 발이 에 걸렸어요.

 바닷가에 가 많아요.

 수박 는 빨간색이에요.

확인하기

✓ 문장을 읽고, 낱말을 바르게 쓴 문장에 ✓표 하세요.

1

☐ 사과 알멩이가 썩었어요.
☐ 사과 알맹이가 썩었어요.

2

☐ 돌멩이에 그림을 그려요.
☐ 돌맹이에 그림을 그려요.

3

☐ 할머니께서 밤 알맹이를 주셨어요.
☐ 할머니께서 밤 알멩이를 주셨어요.

받아쓰기

🎧 불러 주는 문장을 듣고, 빈칸에 들어갈 낱말을 받아쓰세요.

4

강물에 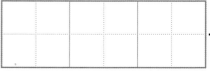 를 던져요.

5

굴 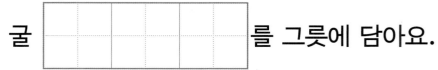 를 그릇에 담아요.

금세 / 요새

전체 듣기

금세

뜻 지금 바로.

예 금세 돌아올게!

요새

뜻 이제까지의 매우 짧은 동안.
'요사이'를 줄인 말.

예 요새 비가 많이 와요.

'금세'는 '금새'로, '요새'는 '요세'로 모음자를 잘못 쓰기 쉬워요. 자주 써 보며 연습해서 뜻에 알맞은 낱말을 바르게 쓸 수 있도록 해요.

맞춤법 강의

 따라쓰기
문장을 소리 내어 읽고, 낱말을 바르게 따라 쓰세요.

 친구의 말에 얼굴이  빨개졌어요.

  일이 바빠요.

  숙제가 많아요.

확인하기

문장을 읽고, 밑줄 친 낱말이 바르면 ◯표, 틀리면 ✕표 하세요.

1

요새 입맛이 좋아요.

2

밥을 금새 다 먹었어요.

3

요세 몸무게가 좀 늘었어요.

받아쓰기

불러 주는 문장을 듣고, 빈칸에 들어갈 낱말을 받아쓰세요.

4

이야기가 ☐☐ 퍼졌어요.

5

☐☐ 저 가수가 *유명해요.

***유명해요** 이름이 널리 알려져 있어요.

확인하기
☑ 친구가 떡을 나누어 줄 수 있도록 밑줄 친 낱말이 바르게 쓰인 집을 모두 찾아 ○표 하세요.

1

좀 더 먹을게요.

요새 배가 아파요.

알맹이를 먹어요.

돌맹이를 주워요.

옷거리에 빨래를 널어요.

확인하기
☑　에 들어갈 바른 낱말을 찾아 선으로 이으세요.

2

　를 거의 다 했어요.

· 설겆이

· 설거지

3

동생이 신발을 　신었어요.

· 거꾸로

· 꺼꾸로

받아쓰기
불러 주는 문장을 잘 듣고, 맞춤법에 주의하며 받아쓰세요.

4

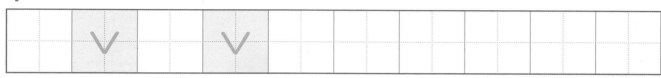

5

6

7

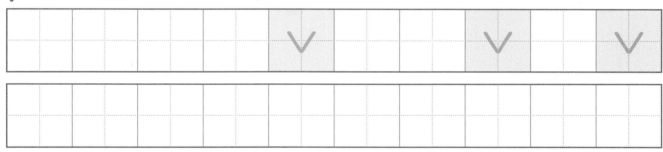

8

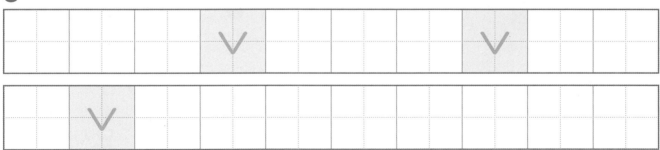

이렇게 띄어 쓰세요

'좀'이나 '더'처럼 뒤에 오는 말을 꾸며 주는 말은 각각 띄어 써요.

🐰 이번 주에 배운 낱말을 다시 읽고, 그 뜻을 익혀 보세요.

좀

뜻 '양이 적게.', '시간이 짧게.'를 뜻하는 '조금'을 줄인 말.

거꾸로

뜻 차례나 방향이 반대로 되게.

설거지

뜻 음식을 담아 먹은 그릇을 씻어 정리하는 일.

옷걸이

뜻 옷을 걸어 두도록 만든 물건.

돌멩이

뜻 돌덩이보다 작은 돌.

알맹이

뜻 물건의 껍데기나 껍질을 벗기고 남은 속 부분.

금세

뜻 지금 바로.

요새

뜻 이제까지의 매우 짧은 동안. '요사이'를 줄인 말.

시작

1일
깁다 / 깊다

2일
-장이 / -쟁이

5일
실력 쑥쑥 마무리

4일
찢다 / 찧다

3일
띠다 / 띄다

1일 깁다 / 깊다

깁다

뜻 떨어지거나 해진 부분에 조각을 대거나 맞붙여 꿰매다.

예 구멍 난 양말을 깁다.

깊다

뜻 겉에서 속까지의 거리가 멀다.

예 바다가 깊다.

> '깁다'의 ㅂ 받침과 '깊다'의 ㅍ 받침은 읽을 때 모두 [ㅂ]으로 소리 나요. '깁다'와 '깊다'는 읽을 때 소리는 같지만 뜻이 완전히 다르므로 받침에 주의해서 써야 해요.

맞춤법 강의

 따라쓰기

문장을 소리 내어 읽고, 낱말을 바르게 따라 쓰세요.

 바늘로 옷을  | 깁 | 다 | .

 | 깊 | 은 |  *우물에서 물을 떠요.

*우물 물을 뜨기 위해서 땅을 파서 물이 모이게 한 곳.

 벽에 못을 | 깊 | 게 | 박아요.

확인하기
✓ 문장을 읽고, 알맞은 낱말을 사용한 문장에 ✓표 하세요.

1

☐ 땅을 깊게 파요.
☐ 땅을 깁게 파요.

2

☐ 찢어진 셔츠를 깊다.
☐ 찢어진 셔츠를 깁다.

3

☐ 호랑이는 깁은 산속으로 들어갔어요.
☐ 호랑이는 깊은 산속으로 들어갔어요.

받아쓰기
🎧 불러 주는 문장을 듣고, 빈칸에 들어갈 낱말을 받아쓰세요.

4

망가진 그물을  .

5

수영장이 매우  .

-장이

뜻 '어떤 기술을 가진 사람'이라는 뜻을 더하는 말.

예 양복장이는 양복을 만들어요.

-쟁이

뜻 '어떤 성질이나 특성을 많이 가진 사람'이라는 뜻을 더하는 말.

예 동생은 겁쟁이예요.

맞춤법 강의

'-장이'와 '-쟁이'는 둘 다 사람을 가리킬 때 쓰는 말이지만 뜻이 달라요. '-장이'와 '-쟁이'의 뜻을 잘 생각하며 알맞은 말을 써야 해요.

따라쓰기
문장을 소리 내어 읽고, 낱말을 바르게 따라 쓰세요.

옹기 | 장 | 이 | 가 *옹기를 만들고 있어요.

*옹기 진흙으로 빚어 구운 그릇.

멋 | 쟁 | 이 | 처럼 옷을 입었네!

너는 정말 부끄럼 | 쟁 | 이 | 구나.

확인하기
✓ **문장을 읽고, 알맞은 낱말에 ◯표 하세요.**

1   도배장이 / 도배쟁이 가 *도배를 해요.
　　*도배 종이로 벽을 바르는 일.

2   미장이 / 미쟁이 가 벽을 발라요.

3   개구장이 / 개구쟁이 친구가 장난을 쳐요.

받아쓰기
🎧 **불러 주는 문장을 듣고, 빈칸에 들어갈 낱말을 받아쓰세요.**

4

너 정말 욕심 ⬚⬚ 구나.

5

구두 ⬚⬚ 가 구두를 고쳐요.

띠다 / 띄다

전체 듣기

맞춤법+받아쓰기 2-1

 **띠다**

뜻 빛이나 색을 가지다.

예 사과가 붉은색을 띠다.

 **띄다**

뜻 남보다 훨씬 두드러지다. '뜨이다'를 줄인 말.

예 빨간 지붕이 눈에 띄다.

'띠다'는 색과 관련 있을 때, '띄다'는 눈과 관련 있을 때 쓰는 말이에요. 소리가 같아서 헷갈리기 쉬우므로 뜻을 잘 익혀서 쓰도록 해요.

맞춤법 강의

 따라쓰기
문장을 소리 내어 읽고, 낱말을 바르게 따라 쓰세요.

들판이 황금빛을  띠 고 있어요.

눈에  띄 게 키가 컸어요.

눈에 잘 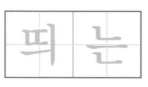 띄 는 옷을 입어요.

확인하기
✓ 문장을 읽고, 밑줄 친 낱말이 바르면 ◯표, 틀리면 ✕표 하세요.

1  손님이 눈에 <u>띠게</u> 많아요.

2  바닷물이 푸른빛을 <u>띠고</u> 있어요.

5주

3  *소화기를 눈에 잘 <u>띄는</u> 곳에 두어요.

*소화기 불을 끄는 기구.

받아쓰기
🎧 불러 주는 문장을 듣고, 빈칸에 들어갈 낱말을 받아쓰세요.

4  장미꽃이 분홍색을 | | | .

5  잘못 쓴 글자가 눈에 | | | .

찢다 / 찧다

전체 듣기

찢다

뜻 무엇을 갈라지게 하다.

예 색종이를 찢다.

─ 공이
─ 절구

찧다

뜻 곡식 따위를 작게 만들려고 절구에 넣고 공이로 내리치다.

예 콩을 찧다.

맞춤법 강의

'찢다'는 [찓따], '찧다'는 [찌타]로 읽을 때 비슷하게 소리 나지만 뜻이 다른 낱말이에요. 받침에 따라 다른 말이 되므로 잘 구별하여 써야 해요.

따라쓰기

문장을 소리 내어 읽고, 낱말을 바르게 따라 쓰세요.

김치를 찢 어 먹어요.

달력을 한 장 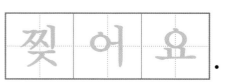찢 어 요.

쌀을 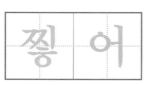찧 어 죽을 끓여요.

확인하기
✓ 문장을 읽고, 알맞은 낱말에 ◯표 하세요.

5주 4일

1

공책을   찍어요.

찢어요.

2

마늘을   찍어

찧어   김치에 넣어요.

3

강아지가 책을   찍고

찢고   도망가요.

받아쓰기
🎧 불러 주는 문장을 듣고, 빈칸에 들어갈 낱말을 받아쓰세요.

4

꽃잎을  .

5

편지봉투를  .

확인하기
✓ 밑줄 친 낱말이 바르게 쓰인 문장에 ○표 하여 강아지가 먹을 수 있는 것을 찾아 주세요.

1

옷이 눈에 띄어요.

쌀을 찧어요.

동생은 멋장이예요.

미쟁이 아저씨를 만났어요.

하늘은 파란빛을 띠고 있어요.

확인하기
✓ 에 들어갈 알맞은 낱말을 찾아 선으로 이으세요.

2

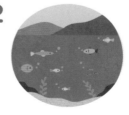

강에 많은 물고기가 살아요.

· 깁은

· 깊은

3

영수증을 쓰레기통에 버려요.

· 찢어

· 찧어

받아쓰기

🔊 **불러 주는 문장을 잘 듣고, 맞춤법에 주의하며 받아쓰세요.**

4

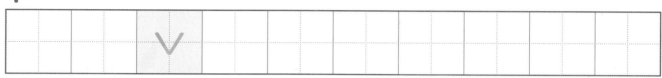

5

6

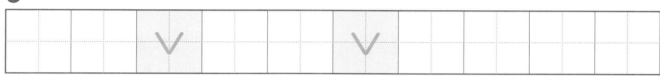

7

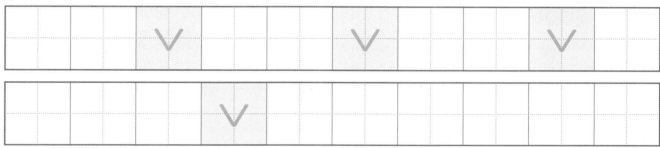

8

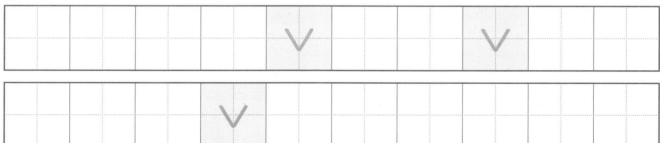

이렇게 띄어 쓰세요

'~에'는 앞말과 붙여 쓰고 뒤에 오는 말과 띄어 써요.

🐰 이번 주에 배운 낱말을 다시 읽고, 그 뜻을 익혀 보세요.

깁다

뜻 떨어지거나 해진 부분에 조각을 대거나 맞붙여 꿰매다.

깊다

뜻 겉에서 속까지의 거리가 멀다.

-장이

뜻 '어떤 기술을 가진 사람'이라는 뜻을 더하는 말.

-쟁이

뜻 '어떤 성질이나 특성을 많이 가진 사람'이라는 뜻을 더하는 말.

띠다

뜻 빛이나 색을 가지다.

띄다

뜻 남보다 훨씬 두드러지다. '뜨이다'를 줄인 말.

찢다

뜻 무엇을 갈라지게 하다.

찧다

뜻 곡식 따위를 작게 만들려고 절구에 넣고 공이로 내리치다.

시작

1일
껍질 / 껍데기

2일
시키다 / 식히다

5일
실력 쑥쑥 마무리

4일
어떻게 / 어떡해

3일
묵다 / 묶다

전체 듣기

 **껑질**

뜻 물체의 겉을 싸고 있는 단단하지 않은 것.

예 귤 껍질을 까요.

껍데기

뜻 물체의 겉을 싸고 있는 단단한 것.

예 달걀 껍데기를 깨뜨려요.

 '껍질'과 '껍데기'는 물체의 겉을 싸고 있는 것을 가리키는 말이에요. 두 낱말은 물체의 겉을 싸고 있는 것이 단단한지 아닌지에 따라 구별해서 써요.

맞춤법 강의

따라쓰기
문장을 소리 내어 읽고, 낱말을 바르게 따라 쓰세요.

 바나나  이 떨어져 있어요.

껍	질

 호두  는 울퉁불퉁해요.

껍	데	기

 조개

껍	데	기

로 목걸이를 만들어요.

확인하기

✓ 문장을 읽고, 빈칸에 들어갈 알맞은 낱말을 찾아 선으로 이으세요.

1

감자 [   ]을
벗겨요.
·

· 껍질

2
사과를 [   ]째
먹어요.
·

· 껍데기

3

*굴 [   ]가
바위에 붙어 있어요.
·

*굴 겉이 울퉁불퉁하고 길쭉하게 생긴 조개.

받아쓰기

불러 주는 문장을 듣고, 빈칸에 들어갈 낱말을 받아쓰세요.

4

양파 [|]은 얇아요.

5
소라 [| |]에 살아요.

시키다 / 식히다

시키다

뜻 어떤 일이나 행동을 하게 하다.

예 심부름을 시키다.

식히다

뜻 더운 기운이 없어지게 하다. 차게 하다.

예 얼음으로 열을 식히다.

맞춤법 강의

'누구에게 무엇을 하게 하다.'의 뜻이 있을 때는 '시키다'를 쓰고, '더운 기운이 없어지게 하다.'의 뜻이 있을 때는 '식히다'를 써요.

 따라쓰기

🖉 문장을 소리 내어 읽고, 낱말을 바르게 따라 쓰세요.

청소를  시 켜 요 .

소에게 일을  시 키 고 있어요.

뜨거운 고구마를  식 혀 먹어요.

확인하기
✓ **문장을 읽고, 알맞은 낱말에 ○표 하세요.**

1

목욕을   시켜요 .
　　　　　식혀요 .

2

끓인 물을   시켜
　　　　　　식혀   마셔요.

3

콩쥐에게 빨래를   시키고
　　　　　　　　　식히고   있어요.

받아쓰기
🎧 **불러 주는 문장을 듣고, 빈칸에 들어갈 낱말을 받아쓰세요.**

4

선풍기로 더위를
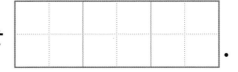

5

동생에게 공부를

묵다 / 묶다

전체 듣기

 묵다

 묶다

뜻 어디에서 손님으로 머물다.

뜻 끈이나 줄 따위를 매듭으로 만들다.

예 친구 집에 묵다.

예 허리끈을 묶다.

'묵다'와 '묶다'는 읽을 때 [묵따]로 소리가 같아서 헷갈리기 쉬워요. 글자의 모양도 비슷해서 잘못 쓰기 쉬우므로 뜻을 잘 구별해서 쓰도록 해요.

맞춤법 강의

 따라쓰기

문장을 소리 내어 읽고, 낱말을 바르게 따라 쓰세요.

 하룻밤만 | 묵 | 고 | 갈게요.

 선물을 리본으로 | 묶 | 어 | 요 | .

 엄마께서 머리카락을 | 묶 | 어 | 주셨어요.

확인하기

✓ 문장을 읽고, 밑줄 친 낱말이 바르면 ◯표, 틀리면 ✕표 하세요.

1  끊어진 줄을 <u>묶어요</u>.

2  주머니를 끈으로 <u>묶어</u> 두었어요.

3  바다가 보이는 방에 <u>묶고</u> 있어요.

받아쓰기

🎧 불러 주는 문장을 듣고, 빈칸에 들어갈 낱말을 받아쓰세요.

4  할머니 댁에  .

5  운동화 끈을  .

4일 어떻게 / 어떡해

전체 듣기

어떻게

어떡해

뜻 어떤 방법으로. 어떤 방식으로.

예 용돈을 어떻게 쓰지?

뜻 '어떻게 해'를 줄인 말.

예 갑자기 튀어나오면 어떡해.

맞춤법 강의

'어떻게'는 뒤에 오는 말을 꾸며 주는 말이므로 주로 문장의 처음이나 중간에 쓰여요.
'어떡해'는 문장을 마무리하는 말이므로 주로 문장의 끝에 쓰여요.

따라쓰기

문장을 소리 내어 읽고, 낱말을 바르게 따라 쓰세요.

요즘 | 어 | 떻 | 게 | 지내?

달걀을 | 어 | 떻 | 게 | 요리할까?

지각할 것 같아, | 어 | 떡 | 해 | !

확인하기

✓ **문장을 읽고, 알맞은 낱말을 사용한 문장에 ✓표 하세요.**

1

☐ 길을 잃어버렸어. 어떡해.

☐ 길을 잃어버렸어. 어떻게.

2

☐ 어떡해 해야 할지 생각해 보자.

☐ 어떻게 해야 할지 생각해 보자.

3

☐ 경찰서는 어떡해 가야 하나요?

☐ 경찰서는 어떻게 가야 하나요?

받아쓰기

🎧 **불러 주는 문장을 듣고, 빈칸에 들어갈 낱말을 받아쓰세요.**

4

이걸 |　|　|　|　| 먹지?

5

하나도 모르겠어. |　|　|　|　| .

확인하기
✓ **밑줄 친 낱말을 알맞게 쓴 조각에 색칠하여 그림을 완성하세요.**

1

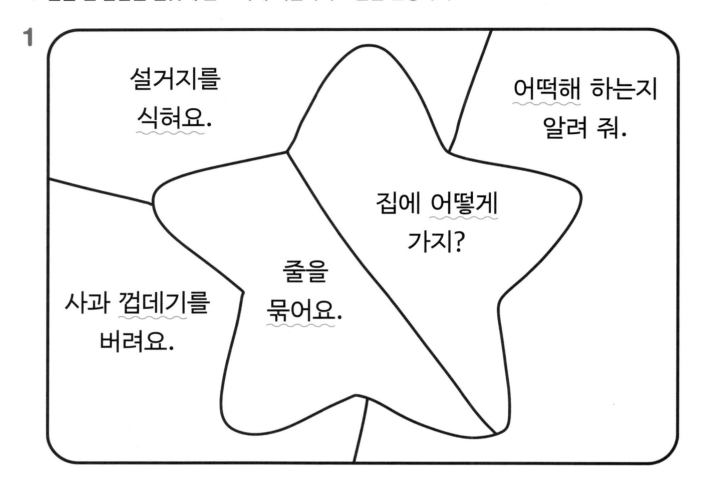

설거지를
식혀요.

어떡해 하는지
알려 줘.

집에 어떻게
가지?

줄을
묶어요.

사과 껍데기를
버려요.

확인하기
✓ ▨에 **들어갈 알맞은 낱말을 찾아 선으로 이으세요.**

2

참외 ▨은
노란색이에요.

· 껍질

· 껍데기

3

라면을 호호 불어
▨ 먹어요.

· 시켜

· 식혀

받아쓰기 **불러 주는 문장을 잘 듣고, 맞춤법에 주의하며 받아쓰세요.**

4

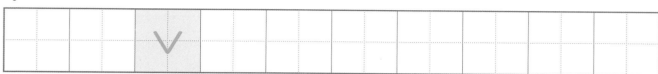

5

6

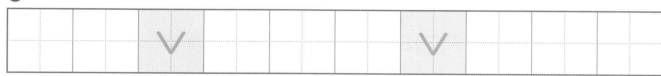

7

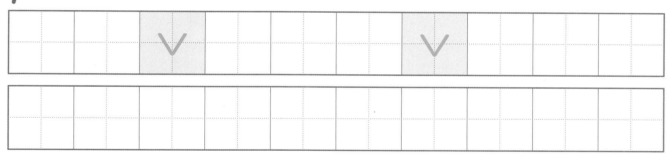

8

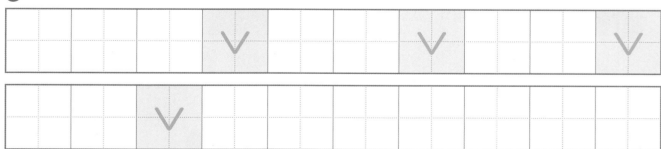

 이렇게 띄어 쓰세요

'호호'와 같이 소리를 나타내는 말은 뒤에 오는 말과 띄어 써요.

🐰 이번 주에 배운 낱말을 다시 읽고, 그 뜻을 익혀 보세요.

껍질

뜻 물체의 겉을 싸고 있는 단단하지 않은 것.

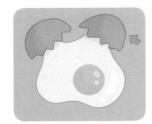

껍데기

뜻 물체의 겉을 싸고 있는 단단한 것.

시키다

뜻 어떤 일이나 행동을 하게 하다.

식히다

뜻 더운 기운이 없어지게 하다. 차게 하다.

묵다

뜻 어디에서 손님으로 머물다.

묶다

뜻 끈이나 줄 따위를 매듭으로 만들다.

어떻게

뜻 어떤 방법으로. 어떤 방식으로.

어떡해

뜻 '어떻게 해'를 줄인 말.

7주

→
시작

1일
-던지 / -든지

2일
대로 / 데로

5일
실력 쑥쑥 마무리

4일
윗- / 웃-

3일
~로서 / ~로써

-던지 / -든지

전체 듣기

-던지

뜻 어떤 일이 뒤에 오는 일의 까닭으로 생각될 때 쓰는 말.

예 얼마나 춥던지 손이 얼었어요.

-든지

뜻 여러 가지 중에서 하나를 고를 수 있을 때 쓰는 말.

예 밥을 먹든지 잠을 자든지 하렴.

맞춤법 강의

'-던지'는 어떤 사실을 연결 지을 때, '-든지'는 어떤 것을 선택할 때 쓰는 말이에요. 모양이 비슷하여 헷갈리기 쉬우므로 뜻에 알맞게 구별해서 써야 해요.

따라쓰기

📝 문장을 소리 내어 읽고, 낱말을 바르게 따라 쓰세요.

얼마나 아프 던 지  눈물이 났어요.

어찌나 빠르 던 지  따라갈 수 없었어요.

도서관에 가 든 지  집에 가든지 하자.

확인하기

✓ 문장을 읽고, 밑줄 친 말이 바르면 ○표, 틀리면 ✕표 하세요.

1

집에 있<u>든지</u> 나가<u>든지</u> 해요.   (   )

2

배고<u>팠던지</u> 밥을 급하게 먹었어요. (   )

3

우산을 <u>쓰던지</u> *우비를 <u>입던지</u> 해. (   )

*우비 비에 옷이 젖지 않도록 옷 위에 겹쳐 입는 옷.

받아쓰기

🎧 불러 주는 문장을 듣고, 빈칸에 들어갈 낱말을 받아쓰세요.

4

반가웠 [   ] 꼬리를 흔들었어요.

5

밥을 먹든지 빵을 먹 [   ] 해야지.

2일 대로 / 데로

전체 듣기

대로

뜻 어떤 모양이나 상태와 같이.

예 보이는 대로 그려요.

데로

뜻 장소를 뜻하는 '데' 뒤에 방향을 나타내는 '로'가 붙은 말.

예 밝은 데로 나왔어요.

'대로'는 '본 대로', '느낀 대로'처럼 '앞에 말한 것과 똑같이'라는 뜻을 나타낼 때 쓰고,
'데로'는 어떤 장소를 가리켜 말할 때 써요. 뜻을 잘 구별하여 알맞게 쓰도록 해요.

맞춤법 강의

 따라쓰기
📝 문장을 소리 내어 읽고, 낱말을 바르게 따라 쓰세요.

들은 대 로 말해요.

약속한 대 로 지켜야 해.

그늘이 있는 데 로 가요.

확인하기

✓ 문장을 읽고, 빈칸에 들어갈 알맞은 낱말을 찾아 선으로 이으세요.

1
시키는 ☐ 해요.

· 대로

2
왔던 ☐ 돌아가자.

· 데로

3
아는 ☐ 대답해요.

받아쓰기

🎧 불러 주는 문장을 듣고, 빈칸에 들어갈 낱말을 받아쓰세요.

4
의자를 다른 ☐☐ 옮겨요.

5
책을 읽고 느낀 ☐☐ 말해요.

전체 듣기

~로서

뜻 지위나 신분 또는 자격을 나타내는 말.

예 형으로서 동생을 챙겨요.

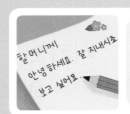

~로써

뜻 어떤 일을 하기 위한 방법이나 도구를 나타내는 말.

예 글로써 마음을 전해요.

맞춤법 강의

'~로서'는 주로 사람을 가리키는 말과 함께 쓰고, '~로써'는 주로 방법이나 도구를 나타내는 말과 함께 써요.

따라쓰기

문장을 소리 내어 읽고, 낱말을 바르게 따라 쓰세요.

학생으 로 서 열심히 공부해요.

회장으 로 서 친구들과 사이좋게 지내요.

칼 로 써 채소를 잘라요.

확인하기

문장을 읽고, 밑줄 친 낱말이 바르면 ○표, 틀리면 ✕표 하세요.

1

소금으로써 짠맛을 내요.

2
왕으로써 나라를 잘 다스려요.

3

운동을 함으로서 건강을 지켜요.

받아쓰기

불러 주는 문장을 듣고, 빈칸에 들어갈 낱말을 받아쓰세요.

4

붓으　　　　*울타리를 칠해요.

*울타리 담 대신에 풀·나무·철사 등으로 만들어 둘러막는 시설.

5

친구　　　　당연히 도와야지.

윗- / 웃-

윗-

뜻 '위'를 뜻하는 말로, 아래·위로 짝을 이루는 말이 있을 때 씀.

예 윗집에 친구가 살아요.

웃-

뜻 '위'를 뜻하는 말로, 아래·위로 짝을 이루는 말이 없을 때 씀.

예 웃어른께 인사해요.

맞춤법 강의
'윗-'과 '웃-'은 모두 '위'를 뜻하는 말이지만 아래·위로 짝을 이루는 말이 있는지 없는지에 따라 구별하여 써요.

따라쓰기
문장을 소리 내어 읽고, 낱말을 바르게 따라 쓰세요.

 니가 빠졌어요.

 몸을 힘껏 구부려요.

 옷이 옷걸이에 걸려 있어요.

확인하기

✓ 문장을 읽고, 알맞은 낱말에 ◯표 하세요.

1

| 웃집 |
| 윗집 |

이 시끄러워요.

2

| 웃어른 |
| 윗어른 |

께 자리를 *양보해요.

***양보** 남에게 자리나 물건 등을 내주는 것.

3

| 웃몸 |
| 윗몸 |

일으키기 운동을 해요.

받아쓰기

🎧 불러 주는 문장을 듣고, 빈칸에 들어갈 낱말을 받아쓰세요.

4

□□ 니가 아파요.

5

새로 산 □□ 옷을 입었어요.

확인하기
✓ 밑줄 친 낱말을 바르게 쓴 것에 ○표 하여 친구의 신발을 찾아 주세요.

1

| 웃집에 놀러 가요. | 먼 데로 떠나요. | 윗어른께 인사해요. |

확인하기
✓   에 들어갈 알맞은 낱말을 찾아 선으로 이으세요.

2

선생님으   학생들을 가르쳐요.

· 로서

· 로써

3

사자가 얼마나 크   놀랐어요.

· 든지

· 던지

받아쓰기
불러 주는 문장을 잘 듣고, 맞춤법에 주의하며 받아쓰세요.

4

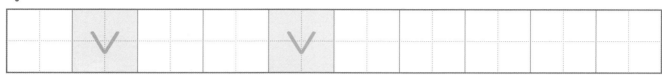

5

6

7

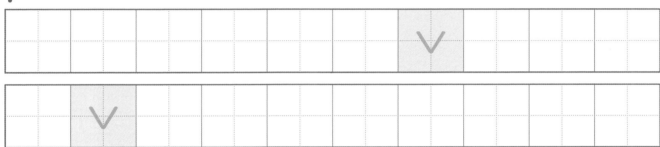

8

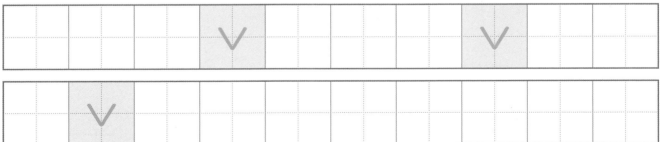

이렇게 띄어 쓰세요

'대로'나 '데로'는 앞말과 띄어 쓰고, '~로서'나 '~로써'는 앞말과 붙여 써요.

🐰 이번 주에 배운 낱말을 다시 읽고, 그 뜻을 익혀 보세요.

-던지

뜻 어떤 일이 뒤에 오는 일의 까닭으로 생각될 때 쓰는 말.

-든지

뜻 여러 가지 중에서 하나를 고를 수 있을 때 쓰는 말.

대로

뜻 어떤 모양이나 상태와 같이.

데로

뜻 장소를 뜻하는 '데' 뒤에 방향을 나타내는 '로'가 붙은 말.

~로서

뜻 지위나 신분 또는 자격을 나타내는 말.

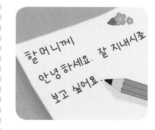

~로써

뜻 어떤 일을 하기 위한 방법이나 도구를 나타내는 말.

윗-

뜻 '위'를 뜻하는 말로, 아래·위로 짝을 이루는 말이 있을 때 씀.

웃-

뜻 '위'를 뜻하는 말로, 아래·위로 짝을 이루는 말이 없을 때 씀.

8주

→

시작

1일

굳다 / 궂다

2일

꼽다 / 꽂다

5일

실력 쑥쑥 마무리

4일

젓다 / 젖다

3일

뺏다 / 뺐다

굳다 / 궂다

전체 듣기

굳다

뜻 단단하지 않던 것이 단단해지다.

예 기름이 굳다.

궂다

뜻 비나 눈이 내려 날씨가 좋지 않다.

예 오늘은 날씨가 궂다.

'굳다'와 '궂다'는 읽을 때 소리가 같아서 잘못 쓰기 쉬워요. '무엇이 단단해지다.'라는 뜻일 때는 '굳다'를, '날씨가 나쁘다.'라는 뜻일 때는 '궂다'를 쓴다는 것을 기억하세요.

따라쓰기

문장을 소리 내어 읽고, 낱말을 바르게 따라 쓰세요.

꿀이 | 굳 | 어 | 버렸어요.

물감이 | 굳 | 으 | 면 | 잘 짜지지 않아요.

비바람이 치는 | 궂 | 은 | 날씨예요.

확인하기
문장을 읽고, 알맞은 낱말을 사용한 문장에 ✓표 하세요.

1

☐ 빵이 굳어 딱딱해요.
☐ 빵이 궂어 딱딱해요.

2

☐ 찰흙이 굳으면 색을 칠해요.
☐ 찰흙이 궂으면 색을 칠해요.

3

☐ 굳은 날씨 때문에 파도가 높아요.
☐ 궂은 날씨 때문에 파도가 높아요.

받아쓰기
불러 주는 문장을 듣고, 빈칸에 들어갈 낱말을 받아쓰세요.

4

밀가루 *반죽이 ☐☐☐☐ .

***반죽** 가루에 물을 섞어 개는 것. 또는 그렇게 한 것.

5

산을 오르기에 날씨가  .

2일 꼽다 / 꽂다

 **꼽다**

 **꽂다**

뜻 손가락을 꼬부리며 숫자나 날짜를 세다.

예 손가락을 꼽다.

뜻 쓰러지거나 빠지지 않게 박아 세우거나 끼우다.

예 꽃을 유리병에 꽂다.

'꼽다'는 주로 '손', '손가락'과 함께 쓰이고, '꽂다'는 어떤 물건을 다른 물건에 끼워 넣는 행동을 표현할 때 쓰여요. 어떤 말과 함께 쓰였는지 살펴보고 바른 낱말을 써요.

 따라쓰기
문장을 소리 내어 읽고, 낱말을 바르게 따라 쓰세요.

 손가락을 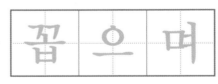 꼽으며 생일을 기다려요.

 머리핀을 머리에  꽂고 있어요.

 깃발을 모래성에 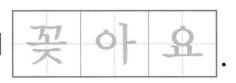 꽂아요.

확인하기

✓ **문장을 읽고, 알맞은 낱말에 ◯표 하세요.**

1

열쇠를 자물쇠에   꼽아요 .

꽂아요 .

2

손가락을   꼽으며   문제를 풀어요.

꽂으며

3

초를 케이크에   꼽고   노래를 불러요.

꽂고

받아쓰기

🎧 **불러 주는 문장을 듣고, 빈칸에 들어갈 낱말을 받아쓰세요.**

4

색연필을 연필꽂이에 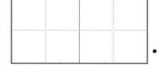 .

5

방학하는 날을 손가락으로  .

3일 빼다 / 뺐다

전체 듣기

빼다

뜻 남의 것을 억지로 자기 것으로 만들다.

예 동생의 사탕을 빼다.

뺐다

뜻 박혀 있거나 속에 들어 있는 것을 밖으로 나오게 했다.

예 책꽂이에서 책을 뺐다.

맞춤법 강의

'빼다'와 '뺐다'는 읽을 때 소리가 같지만 뜻이 다른 낱말이에요. 서로 잘못 쓰기 쉬우므로 받침을 잘 구별해서 써야 해요.

따라쓰기
문장을 소리 내어 읽고, 낱말을 바르게 따라 쓰세요.

 내 신발을  가지 마!

빼 어

 간식을 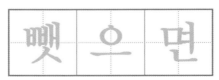 화를 낼 거야.

빼 으 면

 흔들리는 이를 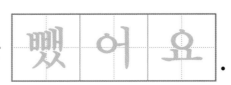.

뺐 어 요

확인하기
✓ 문장을 읽고, 밑줄 친 낱말이 바르면 ○표, 틀리면 ✕표 하세요.

1

손가락에서 가시를 뺏어요.

아파서 눈물을 쏙 뺐어요.

2

내 지갑을 뺏어 갔어요.

남의 물건을 뺐으면 안 돼!

받아쓰기
🎧 불러 주는 문장을 듣고, 빈칸에 들어갈 낱말을 받아쓰세요.

3

주머니에서 손을  .

4

친구의 장난감을 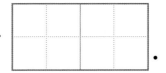 .

젓다 / 젖다

전체 듣기

 **젓다**

뜻 물, 가루 등이 잘 섞이도록 기구를 넣고 이리저리 돌리다.

예 팥죽을 젓다.

 **젖다**

뜻 물이 배어 축축하게 되다.

예 옷이 땀에 젖다.

'젓다'와 '젖다'는 읽을 때 소리가 같아서 쓸 때 헷갈리기 쉬워요. 그러므로 낱말의 뜻을 정확하게 알고, 문장에 알맞은 낱말을 바르게 쓰도록 노력해야 해요.

맞춤법 강의

따라쓰기
문장을 소리 내어 읽고, 낱말을 바르게 따라 쓰세요.

얼음 넣은 음료수를  있어요.

책이 .

머리카락이  있어요.

확인하기
문장을 읽고, 밑줄 친 낱말이 바르면 ○표, 틀리면 ✕표 하세요.

1  카레를 <u>젓고</u> 있어요. 　　(　)

2  풀잎이 이슬에 <u>젓었어요</u>. 　　(　)

3  옷이 물에 <u>젖어</u> 버렸어요. 　　(　)

받아쓰기
불러 주는 문장을 듣고, 빈칸에 들어갈 낱말을 받아쓰세요.

4  우유에 꿀을 넣고 　.

5  신발이 *흙탕물에 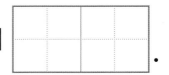　.

*흙탕물 흙이 풀리어 몹시 흐려진 물.

확인하기
아기 다람쥐가 가족을 찾을 수 있도록 밑줄 친 낱말이 바르면 ○표, 틀리면 ✕표를 따라가세요.

1

확인하기
에 들어갈 알맞은 낱말을 찾아 선으로 이으세요.

2

과일을 나무
막대기에 〔　　〕.

· 꼽아요

· 꽂아요

3

친구의 물건을
〔　　〕 안 돼요.

· 뺏으면

· 뺐으면

받아쓰기

불러 주는 문장을 잘 듣고, 맞춤법에 주의하며 받아쓰세요.

4

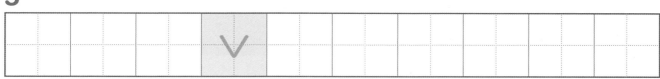

5

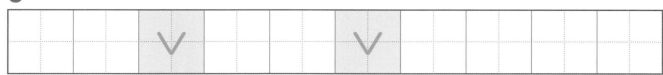

6

7

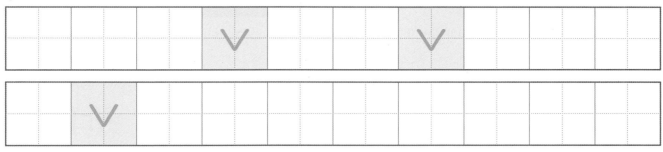

8

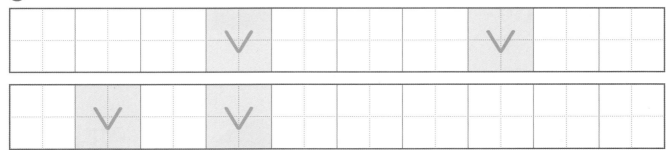

 **이렇게 띄어 쓰세요**

‘~에’, ‘~의’처럼 혼자 쓰일 수 없는 말은 앞말에 붙여 써요.

🐰 이번 주에 배운 낱말을 다시 읽고, 그 뜻을 익혀 보세요.

굳다

뜻 단단하지 않던 것이 단단해지다.

궂다

뜻 비나 눈이 내려 날씨가 좋지 않다.

꼽다

뜻 손가락을 꼬부리며 숫자나 날짜를 세다.

꽂다

뜻 쓰러지거나 빠지지 않게 박아 세우거나 끼우다.

뺏다

뜻 남의 것을 억지로 자기 것으로 만들다.

뺐다

뜻 박혀 있거나 속에 들어 있는 것을 밖으로 나오게 했다.

젓다

뜻 물, 가루 등이 잘 섞이도록 기구를 넣고 이리저리 돌리다.

젖다

뜻 물이 배어 축축하게 되다.

맞춤법 실력 쑥쑥 상

이름 _____

위 어린이는 훌륭하게

초능력 맞춤법+받아쓰기 2-1을 마치고

우수한 맞춤법 실력을 쌓았기에

이 상장을 드립니다.

년   월   일

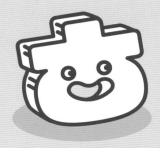

초능력

맞춤법 + 받아쓰기
정답과 풀이

초등 국어
2·1

동아출판

차례

정답과 풀이 ·················· 1쪽

받아쓰기 대본 ·············· 21쪽

1일 [ㄴ]으로 소리 나는 말 1

공룡 　ₙ

📢 소리 [공:뇽]

✏️ 쓰기 | 공 | 룡 |

📱 뒤 글자의 첫소리 ㄹ이 앞 글자의 ㅁ, ㅇ 받침을 닮아 [ㄴ]으로 소리 나는 경우가 있어요. 하지만 쓸 때에는 원래 받침대로 써야 해요.

따라쓰기
낱말을 소리 내어 읽고, 바르게 따라 쓰세요.

음료수 [음:뇨수] | 음 | 료 | 수 |
뒤 글자의 첫소리 ㄹ이 앞 글자의 ㅁ 받침을 닮아 [ㄴ]으로 소리 납니다.

종류 [종:뉴] | 종 | 류 |

정류장 [정뉴장] | 정 | 류 | 장 |

대통령 [대:통녕] | 대 | 통 | 령 |

16 뒤 글자의 첫소리 ㄹ이 앞 글자의 ㅇ 받침을 닮아 [ㄴ]으로 소리 납니다.

월 일 정답과 풀이 1쪽

확인하기
문장을 읽고, 밑줄 친 낱말이 바르면 ○표, 틀리면 ×표 하세요.

1 음뇨수를 마셔요. (×)
[음:뇨수]로 소리 나더라도 '음료수'로 쓰는 것이 알맞습니다.

2 여러 종류의 빵이 있어요. (○)

3 오늘은 대통녕을 뽑는 날이에요. (×)
[대:통녕]으로 소리 나더라도 '대통령'으로 쓰는 것이 알맞습니다.

받아쓰기
불러 주는 문장을 듣고, 빈칸에 들어갈 낱말을 받아쓰세요.

4 | 공 | 룡 | 이 발자국을 남겼어요.
'공뇽'으로 쓰지 않도록 주의합니다.

5 | 정 | 류 | 장 | 에서 친구를 만나요.
'정뉴장'으로 쓰지 않도록 주의합니다.

17

2일 [ㄴ]으로 소리 나는 말 2

빛나요 　ₙ

📢 소리 [빈나요]

✏️ 쓰기 | 빛 | 나 | 요 |

📱 앞 글자의 받침이 뒤 글자의 첫소리 ㄴ을 닮아 [ㄴ]으로 소리 나는 경우가 있어요. 하지만 쓸 때에는 원래 받침대로 써야 해요.

따라쓰기
낱말을 소리 내어 읽고, 바르게 따라 쓰세요.

닫는 [단는] | 닫 | 는 |
앞 글자의 ㄷ 받침이 뒤 글자의 첫소리 ㄴ을 닮아 만나 [ㄴ]으로 소리 납니다.

옛날 [옌:날] | 옛 | 날 |
앞 글자의 ㅅ 받침이 뒤 글자의 첫소리 ㄴ을 닮아 [ㄴ]으로 소리 납니다.

찾는 [찬는] | 찾 | 는 |
앞 글자의 ㅈ 받침이 뒤 글자의 첫소리 ㄴ을 닮아 [ㄴ]으로 소리 납니다.

놓는 [논는] | 놓 | 는 |

18 앞 글자의 ㅎ 받침이 뒤 글자의 첫소리 ㄴ을 닮아 [ㄴ]으로 소리 납니다.

월 일 정답과 풀이 1쪽

• [빈나요]로 소리 나더라도 '빛나요'로 쓰는 것이 알맞습니다.

확인하기
문장을 읽고, 바르게 쓴 낱말에 ○표 하세요.

1 촛불이 환하게 빈나요 / 빛나요 .

2 *선비가 책을 찾는 / 찬는 중이에요.
*선비 옛날에 학문을 배우고 익힌 사람.

3 옛날 / 옌날 에는 촛불을 켜고 책을 읽었어요.
[옌:날]로 소리 나더라도 '옛날'로 쓰는 것이 알맞습니다.

• [찬는]으로 소리 나더라도 '찾는'으로 쓰는 것이 알맞습니다.

받아쓰기
불러 주는 문장을 듣고, 빈칸에 들어갈 낱말을 받아쓰세요.

4 뚜껑을 | 닫 | 는 | 중이에요.
'단는'으로 쓰지 않도록 주의합니다.

5 컵을 | 놓 | 는 | 소리가 나요.
'논는'으로 쓰지 않도록 주의합니다.

19

5일 실력 쑥쑥 마무리

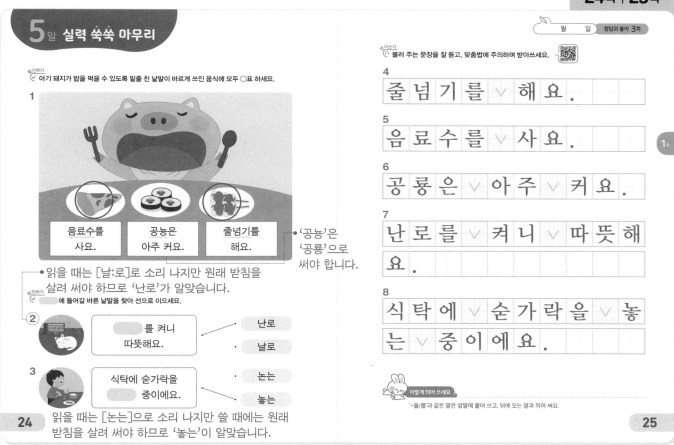

확인하기
아기 돼지가 밥을 먹을 수 있도록 밑줄 친 낱말이 바르게 쓰인 음식에 모두 ○표 하세요.

1

음료수를
사요.

공뇽은
아주 커요.

줄넘기를
해요.

'공뇽'은
'공룡'으로
써야 합니다.

• 읽을 때는 [날:로]로 소리 나지만 원래 받침을
살려 써야 하므로 '난로'가 알맞습니다.

확인하기
□ 에 들어갈 바른 낱말을 찾아 선으로 이으세요.

2
□ 를 켜니
따뜻해요.
• 난로
• 날로

3
식탁에 숟가락을
□ 중이에요.
• 논는
• 놓는

읽을 때는 [논는]으로 소리 나지만 쓸 때에는 원래
받침을 살려 써야 하므로 '놓는'이 알맞습니다.

받아쓰기
불러 주는 문장을 잘 듣고, 맞춤법에 주의하며 받아쓰세요.

4
| 줄 | 넘 | 기 | 를 | ∨ | 해 | 요 | . |

5
| 음 | 료 | 수 | 를 | ∨ | 사 | 요 | . |

6
| 공 | 룡 | 은 | ∨ | 아 | 주 | ∨ | 커 | 요 | . |

7
| 난 | 로 | 를 | ∨ | 켜 | 니 | ∨ | 따 | 뜻 | 해 |
| 요 | . | | | | | | | | |

8
| 식 | 탁 | 에 | ∨ | 숟 | 가 | 락 | 을 | ∨ | 놓 |
| 는 | ∨ | 중 | 이 | 에 | 요 | . | | | |

이렇게 띄어 쓰세요
'~을/를'과 같은 말은 앞말에 붙여 쓰고, 뒤에 오는 말과 띄어 써요.

24

25

1일 [ㅁ]으로 소리 나는 말 1

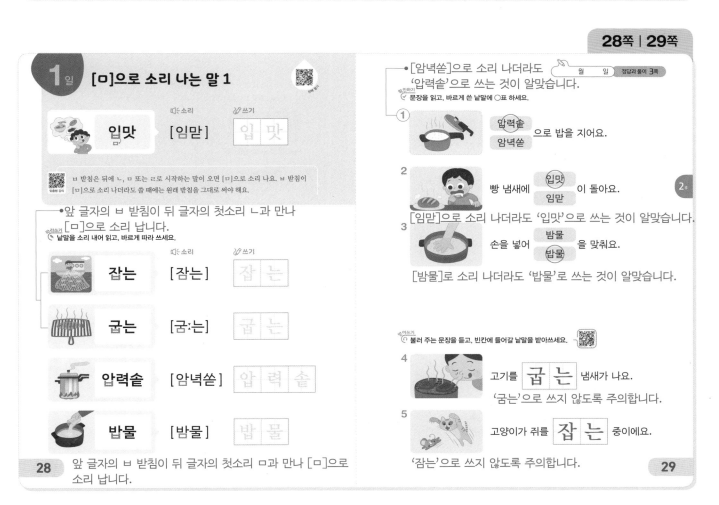

소리
입맛 [임맏]

쓰기
입 맛

ㅂ 받침은 뒤에 ㄴ, ㅁ 또는 ㄹ로 시작하는 말이 오면 [ㅁ]으로 소리 나요. ㅂ 받침이
[ㅁ]으로 소리 나더라도 쓸 때에는 원래 받침을 그대로 써야 해요.

• 앞 글자의 ㅂ 받침이 뒤 글자의 첫소리 ㄴ과 만나
[ㅁ]으로 소리 납니다.

따라쓰기
낱말을 소리 내어 읽고, 바르게 따라 쓰세요.

	소리	쓰기
잡는	[잠는]	잡 는
굽는	[굼:는]	굽 는
압력솥	[암녁쏟]	압 력 솥
밥물	[밤물]	밥 물

앞 글자의 ㅂ 받침이 뒤 글자의 첫소리 ㅁ과 만나 [ㅁ]으로
소리 납니다.

• [암녁쏟]으로 소리 나더라도
'압력솥'으로 쓰는 것이 알맞습니다.

확인하기
문장을 읽고, 바르게 쓴 낱말에 ○표 하세요.

1
압력솥
암녁쏟
으로 밥을 지어요.

2
빵 냄새에
입맛
임맏
이 돌아요.

[임맏]으로 소리 나더라도 '입맛'으로 쓰는 것이 알맞습니다.

3
손을 넣어
밤물
밥물
을 맞춰요.

[밤물]로 소리 나더라도 '밥물'로 쓰는 것이 알맞습니다.

받아쓰기
불러 주는 문장을 듣고, 빈칸에 들어갈 낱말을 받아쓰세요.

4
고기를 | 굽 | 는 | 냄새가 나요.

'굼는'으로 쓰지 않도록 주의합니다.

5
고양이가 쥐를 | 잡 | 는 | 중이에요.

'잠는'으로 쓰지 않도록 주의합니다.

28

29

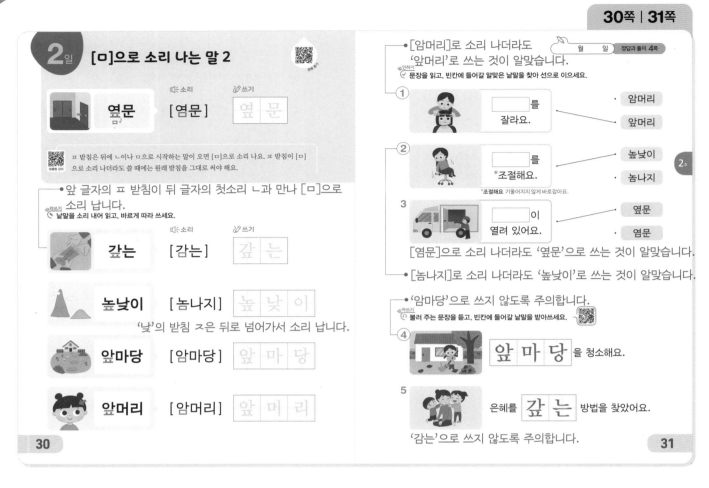

2일 [ㅁ]으로 소리 나는 말 2

옆문 [염문] 옆 문

ㅍ 받침은 뒤에 ㄴ이나 ㅁ으로 시작하는 말이 오면 [ㅁ]으로 소리 나요. ㅍ 받침이 [ㅁ]으로 소리 나더라도 쓸 때에는 원래 받침을 그대로 써야 해요.

• 앞 글자의 ㅍ 받침이 뒤 글자의 첫소리 ㄴ과 만나 [ㅁ]으로 소리 납니다.

낱말을 소리 내어 읽고, 바르게 따라 쓰세요.

갚는 [감는] 갚 는

높낮이 [놈나지] 높 낮 이
'낮'의 받침 ㅈ은 뒤로 넘어가서 소리 납니다.

앞마당 [암마당] 앞 마 당

앞머리 [암머리] 앞 머 리

• [암머리]로 소리 나더라도 '앞머리'로 쓰는 것이 알맞습니다.

문장을 읽고, 빈칸에 들어갈 알맞은 낱말을 찾아 선으로 이으세요.

① ☐를 잘라요. · 암머리 / 앞머리

② ☐를 *조절해요. · 높낮이 / 놈나지
*조절해요 기울어지지 않게 바로잡아요.

③ ☐이 열려 있어요. · 옆문 / 염문

[염문]으로 소리 나더라도 '옆문'으로 쓰는 것이 알맞습니다.

• [놈나지]로 소리 나더라도 '높낮이'로 쓰는 것이 알맞습니다.

• '암마당'으로 쓰지 않도록 주의합니다.

불러 주는 문장을 듣고, 빈칸에 들어갈 낱말을 받아쓰세요.

④ 앞 마 당 을 청소해요.

⑤ 은혜를 갚 는 방법을 찾았어요.

'감는'으로 쓰지 않도록 주의합니다.

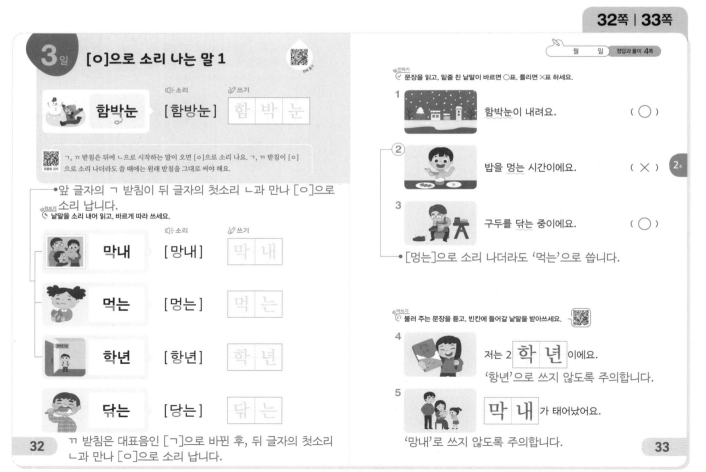

3일 [ㅇ]으로 소리 나는 말 1

함박눈 [함방눈] 함 박 눈

ㄱ, ㄲ 받침은 뒤에 ㄴ으로 시작하는 말이 오면 [ㅇ]으로 소리 나요. ㄱ, ㄲ 받침이 [ㅇ]으로 소리 나더라도 쓸 때에는 원래 받침을 그대로 써야 해요.

• 앞 글자의 ㄱ 받침이 뒤 글자의 첫소리 ㄴ과 만나 [ㅇ]으로 소리 납니다.

낱말을 소리 내어 읽고, 바르게 따라 쓰세요.

막내 [망내] 막 내

먹는 [멍는] 먹 는

학년 [항년] 학 년

닦는 [당는] 닦 는

문장을 읽고, 밑줄 친 낱말이 바르면 ○표, 틀리면 ✕표 하세요.

① 함박눈이 내려요. (○)

② 밥을 멍는 시간이에요. (✕)

③ 구두를 닦는 중이에요. (○)

• [멍는]으로 소리 나더라도 '먹는'으로 씁니다.

불러 주는 문장을 듣고, 빈칸에 들어갈 낱말을 받아쓰세요.

④ 저는 2 학 년 이에요.
'항년'으로 쓰지 않도록 주의합니다.

⑤ 막 내 가 태어났어요.
'망내'로 쓰지 않도록 주의합니다.

ㄲ 받침은 대표음인 [ㄱ]으로 바뀐 후, 뒤 글자의 첫소리 ㄴ과 만나 [ㅇ]으로 소리 납니다.

4일 [ㅇ]으로 소리 나는 말 2

📷	🔊 소리	✏️ 쓰기
국물	[궁물]	국 물

ㄱ 받침은 뒤에 ㅁ으로 시작하는 말이 오면 [ㅇ]으로 소리 나요. ㄱ 받침이 [ㅇ]으로 소리 나더라도 쓸 때에는 원래 받침을 그대로 써야 해요.

앞 글자의 ㄱ 받침이 뒤 글자의 첫소리 ㅁ과 만나 [ㅇ]으로 소리 납니다.

따라쓰기 낱말을 소리 내어 읽고, 바르게 따라 쓰세요.

		🔊 소리	✏️ 쓰기
	국민	[궁민]	국 민
	목마	[몽마]	목 마
	박물관	[방물관]	박 물 관
	식물	[싱물]	식 물

34

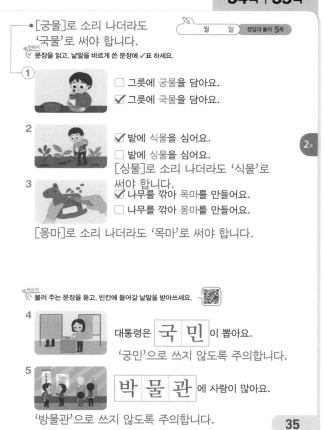

• [궁물]로 소리 나더라도 '국물'로 써야 합니다.

확인하기 문장을 읽고, 낱말을 바르게 쓴 문장에 ✓표 하세요.

① ☐ 그릇에 궁물을 담아요.
☑ 그릇에 국물을 담아요.

② ☑ 밭에 식물을 심어요.
☐ 밭에 싱물을 심어요.
[싱물]로 소리 나더라도 '식물'로 써야 합니다.

③ ☑ 나무를 깎아 목마를 만들어요.
☐ 나무를 깎아 몽마를 만들어요.
[몽마]로 소리 나더라도 '목마'로 써야 합니다.

받아쓰기 불러 주는 문장을 듣고, 빈칸에 들어갈 낱말을 받아쓰세요.

④ 대통령은 | 국 | 민 | 이 뽑아요.
'궁민'으로 쓰지 않도록 주의합니다.

⑤ | 박 | 물 | 관 | 에 사람이 많아요.
'방물관'으로 쓰지 않도록 주의합니다.

35

5일 실력 쑥쑥 마무리

확인하기 ☐ 에 들어갈 알맞은 글자를 들고 있는 친구를 찾아 선으로 이으세요.

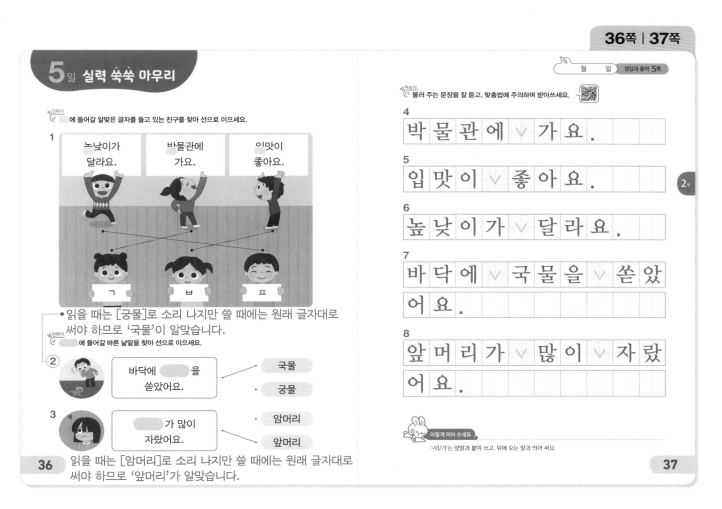

1
| 높낮이가 달라요. | 박물관에 가요. | 입맛이 좋아요. |

ㄱ ㅂ ㅍ

• 읽을 때는 [궁물]로 소리 나지만 쓸 때에는 원래 글자대로 써야 하므로 '국물'이 알맞습니다.

확인하기 ☐ 에 들어갈 바른 낱말을 찾아 선으로 이으세요.

② 바닥에 [   ]을 쏟았어요.
· 국물
· 궁물

③ [   ]가 많이 자랐어요.
· 암머리
· 앞머리

36 읽을 때는 [암머리]로 소리 나지만 쓸 때에는 원래 글자대로 써야 하므로 '앞머리'가 알맞습니다.

받아쓰기 불러 주는 문장을 잘 듣고, 맞춤법에 주의하며 받아쓰세요.

④
| 박 | 물 | 관 | 에 | ∨ | 가 | 요 | . |

⑤
| 입 | 맛 | 이 | ∨ | 좋 | 아 | 요 | . |

⑥
| 높 | 낮 | 이 | 가 | ∨ | 달 | 라 | 요 | . |

⑦
| 바 | 닥 | 에 | ∨ | 국 | 물 | 을 | ∨ | 쏟 | 았 |
| 어 | 요 | . | | | | | | | |

⑧
| 앞 | 머 | 리 | 가 | ∨ | 많 | 이 | ∨ | 자 | 랐 |
| 어 | 요 | . | | | | | | | |

🐰 **이렇게 띄어 쓰세요**
'~이/가'는 앞말과 붙여 쓰고, 뒤에 오는 말과 띄어 써요.

37

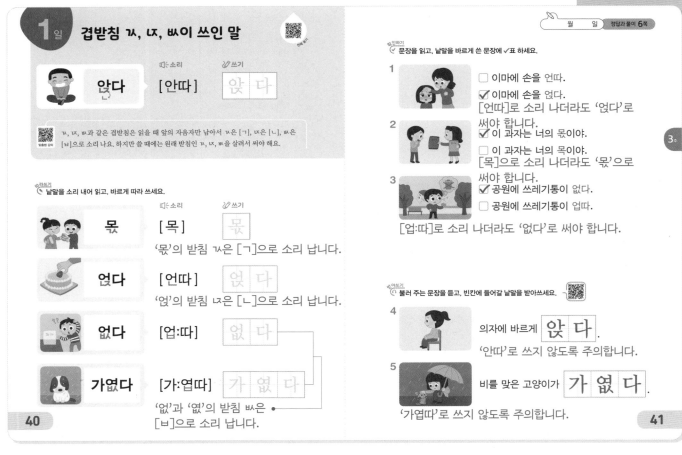

3일 겹받침 ㄺ, ㄻ, ㄿ이 쓰인 말

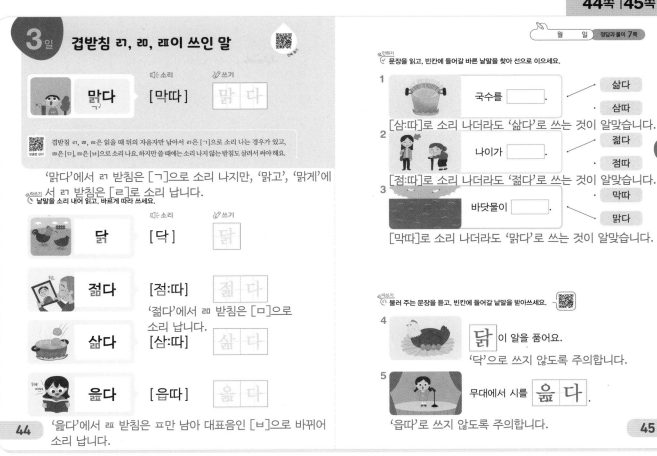

	때 소리	쓰기
맑다	[막따]	맑다

겹받침 ㄺ, ㄻ, ㄿ은 읽을 때 뒤의 자음자만 남아서 ㄺ은 [ㄱ]으로 소리 나는 경우가 있고, ㄻ은 [ㅁ], ㄿ은 [ㅂ]으로 소리 나요. 하지만 쓸 때에는 소리 나지 않는 받침도 살려서 써야 해요.

'맑다'에서 ㄺ 받침은 [ㄱ]으로 소리 나지만, '맑고', '맑게'에서 ㄺ 받침은 [ㄹ]로 소리 납니다.

따라쓰기
낱말을 소리 내어 읽고, 바르게 따라 쓰세요.

	때 소리	쓰기
닭	[닥]	닭
젊다	[점:따]	젊다
삶다	[삼:따]	삶다
읊다	[읍따]	읊다

'젊다'에서 ㄻ 받침은 [ㅁ]으로 소리 납니다.

'읊다'에서 ㄿ 받침은 ㅍ만 남아 대표음인 [ㅂ]으로 바뀌어 소리 납니다.

44

확인하기
문장을 읽고, 빈칸에 들어갈 바른 낱말을 찾아 선으로 이으세요.

1. 국수를 [ ]. · 삶다 · 삼따

[삼:따]로 소리 나더라도 '삶다'로 쓰는 것이 알맞습니다.

2. 나이가 [ ]. · 젊다 · 점따

[점:따]로 소리 나더라도 '젊다'로 쓰는 것이 알맞습니다.

3. 바닷물이 [ ]. · 막따 · 맑다

[막따]로 소리 나더라도 '맑다'로 쓰는 것이 알맞습니다.

받아쓰기
불러 주는 문장을 듣고, 빈칸에 들어갈 낱말을 받아쓰세요.

4. 닭 이 알을 품어요.
'닥'으로 쓰지 않도록 주의합니다.

5. 무대에서 시를 읊다.
'읍따'로 쓰지 않도록 주의합니다.

45

4일 겹받침 ㄶ, ㅀ이 쓰인 말

	때 소리	쓰기
끊다	[끈타]	끊다

겹받침 ㄶ, ㅀ은 뒤에 어떤 글자가 오느냐에 따라 소리 내는 방법이 달라져요. 하지만 쓸 때에는 원래 받침인 ㄶ, ㅀ을 살려서 써야 해요.

'끊다'의 받침 ㄶ은 [ㄴ]으로 소리 납니다.

따라쓰기
낱말을 소리 내어 읽고, 바르게 따라 쓰세요.

	때 소리	쓰기
괜찮다	[괜찬타]	괜찮다
귀찮다	[귀찬타]	귀찮다
끓다	[끌타]	끓다
싫다	[실타]	싫다

'끓다'의 받침 ㅀ은 [ㄹ]로 소리 납니다.

46

확인하기
문장을 읽고, 밑줄 친 낱말이 바르면 ○표, 틀리면 ×표 하세요.

1. 테이프를 끊다. ○

2. 병원에 가기 싫다. ○

3. 장난감을 정리하기 귀찬타. ×
[귀찬타]로 소리 나더라도 '귀찮다'로 써야 합니다.

'끌타'로 쓰지 않도록 주의합니다.

받아쓰기
불러 주는 문장을 듣고, 빈칸에 들어갈 낱말을 받아쓰세요.

4. 주전자의 물이 끓다.

5. 오늘은 기분이 괜찮다.
'괜찬타'로 쓰지 않도록 주의합니다.

47

5일 실력 쑥쑥 마무리

• '끓다'라고 써야 합니다.

인하기 개구리가 친구를 만날 수 있도록 밑줄 친 낱말이 바르게 쓰인 잎을 선으로 이으세요.

1

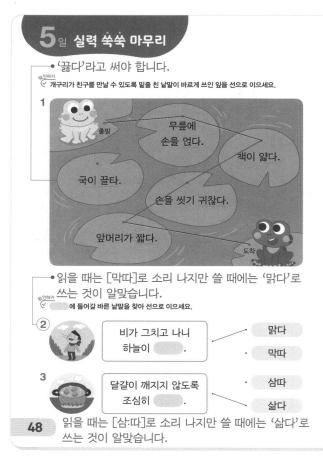

출발
무릎에 손을 얹다.
책이 얇다.
국이 끌타.
손을 씻기 귀찮다.
앞머리가 짧다.
도착

• 읽을 때는 [막따]로 소리 나지만 쓸 때에는 '맑다'로 쓰는 것이 알맞습니다.

인하기 ☐에 들어갈 바른 낱말을 찾아 선으로 이으세요.

2
비가 그치고 나니
하늘이 ☐☐☐☐. · · 맑다
· · 막따

3
달걀이 깨지지 않도록
조심히 ☐☐☐. · · 삼따
· · 삶다

48 읽을 때는 [삼:따]로 소리 나지만 쓸 때에는 '삶다'로 쓰는 것이 알맞습니다.

아쓰기 불러 주는 문장을 잘 듣고, 맞춤법에 주의하며 받아쓰세요.

월 일 정답과 풀이 8쪽

4
| 국 | 이 | ∨ | 끓 | 다 | . | | | |

5
| 앞 | 머 | 리 | 가 | ∨ | 짧 | 다 | . | |

6
| 무 | 릎 | 에 | ∨ | 손 | 을 | ∨ | 얹 | 다 | . |

7
| 비 | 가 | ∨ | 그 | 치 | 고 | ∨ | 나 | 니 | ∨ |
| 하 | 늘 | 이 | ∨ | 맑 | 다 | . | | | |

8
| 달 | 걀 | 이 | ∨ | 깨 | 지 | 지 | ∨ | 않 | 도 |
| 록 | ∨ | 조 | 심 | 히 | ∨ | 삶 | 다 | . | |

이렇게 띄어 쓰세요
'조심히'와 같은 말은 혼자 쓰일 수 있으므로 앞뒤의 말과 모두 띄어 써요.

49

52쪽 | 53쪽

1일 좀 / 거꾸로

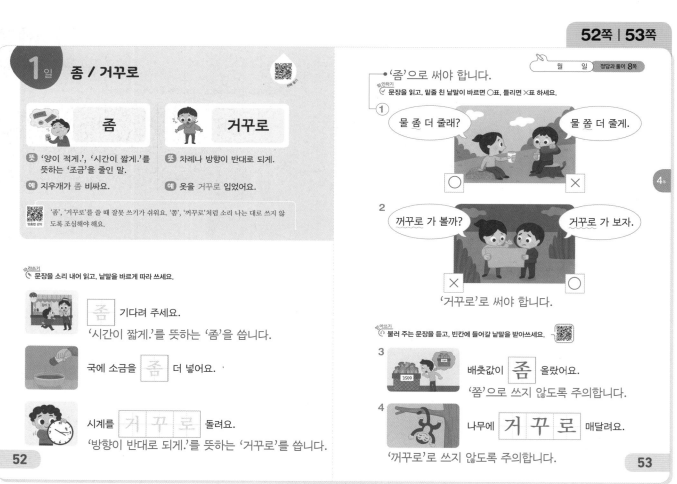

좀 거꾸로

뜻 '양이 적게.', '시간이 짧게.'를 뜻하는 '조금'을 줄인 말.
예 지우개가 좀 비싸요.

뜻 차례나 방향이 반대로 되게.
예 옷을 거꾸로 입었어요.

'좀', '거꾸로'를 쓸 때 잘못 쓰기가 쉬워요. '쫌', '꺼꾸로'처럼 소리 나는 대로 쓰지 않도록 조심해야 해요.

따라쓰기 문장을 소리 내어 읽고, 낱말을 바르게 따라 쓰세요.

좀 기다려 주세요.
'시간이 짧게.'를 뜻하는 '좀'을 씁니다.

국에 소금을 좀 더 넣어요.

시계를 거꾸로 돌려요.
'방향이 반대로 되게.'를 뜻하는 '거꾸로'를 씁니다.

52

• '좀'으로 써야 합니다.

인하기 문장을 읽고, 밑줄 친 낱말이 바르면 ○표, 틀리면 ✕표 하세요.

1
물 좀 더 줄래?   물 쫌 더 줄게.
○   ✕

2
꺼꾸로 가 볼까?   거꾸로 가 보자.
✕   ○

'거꾸로'로 써야 합니다.

아쓰기 불러 주는 문장을 듣고, 빈칸에 들어갈 낱말을 받아쓰세요.

3
배춧값이 좀 올랐어요.
'쫌'으로 쓰지 않도록 주의합니다.

4
나무에 거꾸로 매달려요.
'꺼꾸로'로 쓰지 않도록 주의합니다.

53

2일 설거지 / 옷걸이

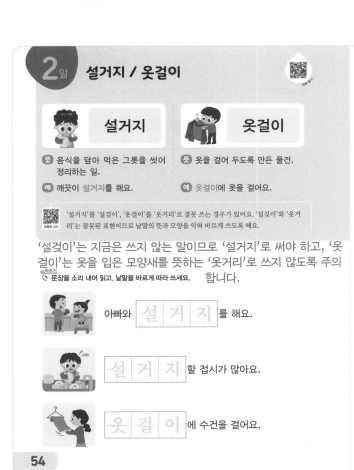

설거지

옷걸이

뜻 음식을 담아 먹은 그릇을 씻어 정리하는 일.

예 깨끗이 설거지를 해요.

뜻 옷을 걸어 두도록 만든 물건.

예 옷걸이에 옷을 걸어요.

'설거지'를 '설겆이', '옷걸이'를 '옷거리'로 잘못 쓰는 경우가 있어요. '설겆이'와 '옷거리'는 잘못된 표현이므로 낱말의 뜻과 모양을 익혀 바르게 쓰도록 해요.

'설겆이'는 지금은 쓰지 않는 말이므로 '설거지'로 써야 하고, '옷걸이'는 옷을 입은 모양새를 뜻하는 '옷거리'로 쓰지 않도록 주의합니다.

문장을 소리 내어 읽고, 낱말을 바르게 따라 쓰세요.

아빠와 |설|거|지|를 해요.

|설|거|지| 할 접시가 많아요.

|옷|걸|이| 에 수건을 걸어요.

54

확인하기 문장을 읽고, 바르게 쓴 낱말에 ○표 하세요.

1 벗은 옷을 (옷걸이) / 옷거리 에 걸어요.

2 설겆이 / (설거지) 를 하다가 옷이 젖었어요.

받아쓰기 불러 주는 문장을 듣고, 빈칸에 들어갈 낱말을 받아쓰세요.

3 저녁을 먹고 |설|거|지| 해요.

'설겆이'로 쓰지 않도록 주의합니다.

4 |옷|걸|이| 에 걸린 옷을 주세요.

'옷거리'로 쓰지 않도록 주의합니다.

55

3일 돌멩이 / 알맹이

돌멩이

알맹이

뜻 돌덩이보다 작은 돌.

예 돌멩이를 주워요.

뜻 물건의 껍데기나 껍질을 벗기고 남은 속 부분.

예 포도 알맹이를 먹어요.

'돌멩이'는 '돌맹이', '알맹이'는 '알멩이'로 잘못 쓰기 쉬워요. 낱말을 여러 번 써 보며 모음자 'ㅔ'와 'ㅐ'를 바르게 쓸 수 있도록 연습해 보아요.

'돌멩이'는 모래보다는 크고, 바위보다는 작은 돌을 뜻합니다.

따라쓰기 문장을 소리 내어 읽고, 낱말을 바르게 따라 쓰세요.

발이 |돌|멩|이| 에 걸렸어요.

바닷가에 |돌|멩|이| 가 많아요.

수박 |알|맹|이| 는 빨간색이에요.

'껍질을 벗기고 남은 속 부분.'이라는 말인 '알맹이'를 바르게 씁니다.

56

확인하기 문장을 읽고, 낱말을 바르게 쓴 문장에 ✓표 하세요.

1 ☐ 사과 알멩이가 썩었어요.
  ✓ 사과 알맹이가 썩었어요.

2 ✓ 돌멩이에 그림을 그려요.
  ☐ 돌맹이에 그림을 그려요.

3 ✓ 할머니께서 밤 알맹이를 주셨어요.
  ☐ 할머니께서 밤 알멩이를 주셨어요.

받아쓰기 불러 주는 문장을 듣고, 빈칸에 들어갈 낱말을 받아쓰세요.

4 강물에 |돌|멩|이| 를 던져요.

'돌맹이'로 쓰지 않도록 주의합니다.

5 굴 |알|맹|이| 를 그릇에 담아요.

'알멩이'로 쓰지 않도록 주의합니다.

57

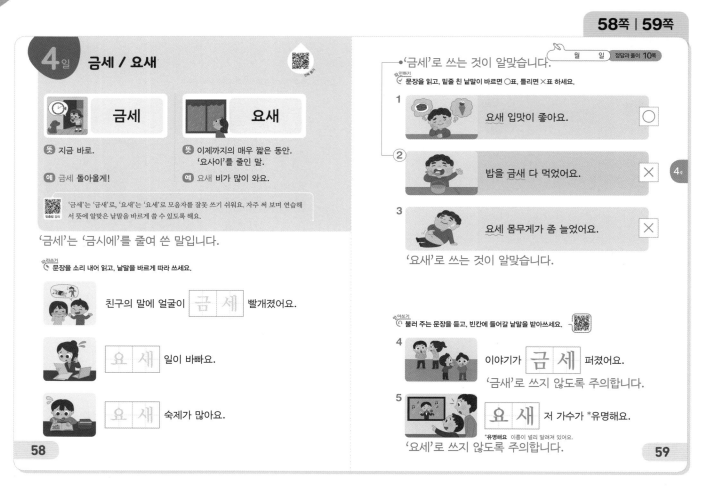

4일 금세 / 요새

금세
뜻 지금 바로.
예 금세 돌아올게!

요새
뜻 이제까지의 매우 짧은 동안.
'요사이'를 줄인 말.
예 요새 비가 많이 와요.

'금세'는 '금세'로, '요새'는 '요세'로 모음자를 잘못 쓰기 쉬워요. 자주 써 보며 연습해서 뜻에 알맞은 낱말을 바르게 쓸 수 있도록 해요.

'금세'는 '금시에'를 줄여 쓴 말입니다.

문장을 소리 내어 읽고, 낱말을 바르게 따라 쓰세요.

친구의 말에 얼굴이 **금세** 빨개졌어요.

요새 일이 바빠요.

요새 숙제가 많아요.

58

'금세'로 쓰는 것이 알맞습니다.

문장을 읽고, 밑줄 친 낱말이 바르면 ○표, 틀리면 ×표 하세요.

1 요새 입맛이 좋아요. ○

2 밥을 금새 다 먹었어요. ×

3 요세 몸무게가 좀 늘었어요. ×

'요새'로 쓰는 것이 알맞습니다.

불러 주는 문장을 듣고, 빈칸에 들어갈 낱말을 받아쓰세요.

4 이야기가 **금세** 퍼졌어요.
'금새'로 쓰지 않도록 주의합니다.

5 **요새** 저 가수가 *유명해요.
*유명해요 이름이 널리 알려져 있어요.
'요세'로 쓰지 않도록 주의합니다.

59

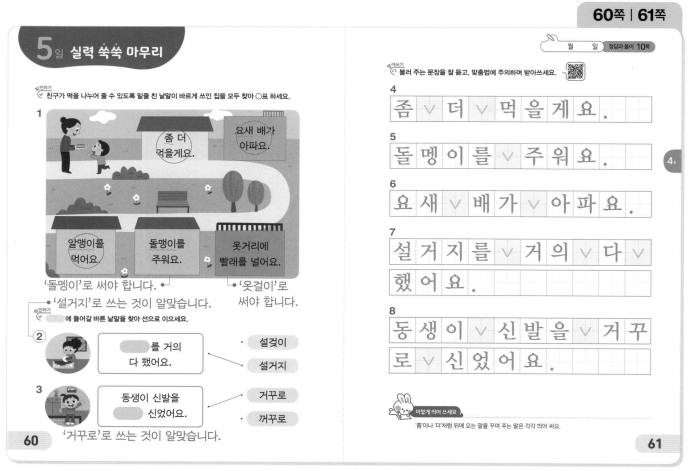

5일 실력 쑥쑥 마무리

친구가 떡을 나누어 줄 수 있도록 밑줄 친 낱말이 바르게 쓰인 집을 모두 찾아 ○표 하세요.

1
좀 더
먹을게요.

요새 배가
아파요.

알맹이를
먹어요.

돌맹이를
주워요.

옷거리에
빨래를 널어요.

'돌멩이'로 써야 합니다.

'옷걸이'로
써야 합니다.

'설거지'로 쓰는 것이 알맞습니다.

에 들어갈 바른 낱말을 찾아 선으로 이으세요.

2
를 거의
다 했어요.

· 설걷이
· 설거지

3
동생이 신발을
신었어요.

· 거꾸로
· 꺼꾸로

'거꾸로'로 쓰는 것이 알맞습니다.

60

불러 주는 문장을 잘 듣고, 맞춤법에 주의하며 받아쓰세요.

4
좀 ∨ 더 ∨ 먹을게요.

5
돌멩이를 ∨ 주워요.

6
요새 ∨ 배가 ∨ 아파요.

7
설거지를 ∨ 거의 ∨ 다 ∨
했어요.

8
동생이 ∨ 신발을 ∨ 거꾸
로 ∨ 신었어요.

이렇게 띄어 쓰세요
'좀'이나 '더'처럼 뒤에 오는 말을 꾸며 주는 말은 각각 띄어 써요.

61

1일 깁다 / 깊다

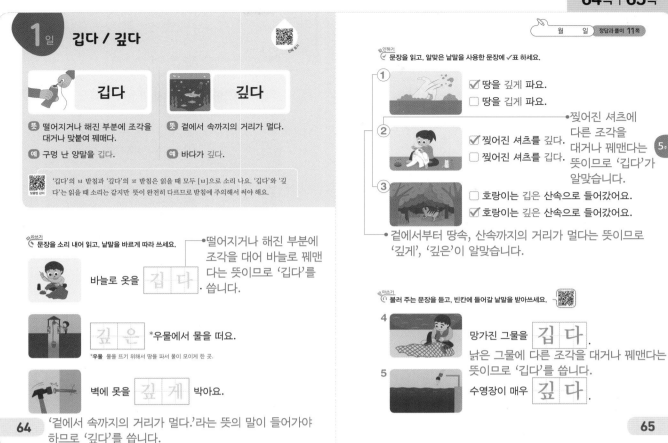

깁다

뜻 떨어지거나 해진 부분에 조각을 대거나 맞붙여 꿰매다.
예 구멍 난 양말을 깁다.

깊다

뜻 겉에서 속까지의 거리가 멀다.
예 바다가 깊다.

'깁다'의 ㅂ 받침과 '깊다'의 ㅍ 받침은 읽을 때 모두 [ㅂ]으로 소리 나요. '깁다'와 '깊다'는 읽을 때 소리는 같지만 뜻이 완전히 다르므로 받침에 주의해서 써야 해요.

따라쓰기
문장을 소리 내어 읽고, 낱말을 바르게 따라 쓰세요.

바늘로 옷을 깁 다 .

•떨어지거나 해진 부분에 조각을 대어 바늘로 꿰맨다는 뜻이므로 '깁다'를 씁니다.

깊 은 *우물에서 물을 떠요.

*우물 물을 뜨기 위해서 땅을 파서 물이 모이게 한 곳.

벽에 못을 깊 게 박아요.

'겉에서 속까지의 거리가 멀다.'라는 뜻의 말이 들어가야 하므로 '깊다'를 씁니다.

64

읽하기
문장을 읽고, 알맞은 낱말을 사용한 문장에 ✓표 하세요.

월 일 정답과 풀이 11쪽

① ☑ 땅을 깊게 파요.
☐ 땅을 깁게 파요.

② ☑ 찢어진 셔츠를 깊다.
☐ 찢어진 셔츠를 깁다.

•찢어진 셔츠에 다른 조각을 대거나 꿰맨다는 뜻이므로 '깁다'가 알맞습니다.

③ ☐ 호랑이는 깁은 산속으로 들어갔어요.
☑ 호랑이는 깊은 산속으로 들어갔어요.

•겉에서부터 땅속, 산속까지의 거리가 멀다는 뜻이므로 '깊게', '깊은'이 알맞습니다.

받아쓰기
불러 주는 문장을 듣고, 빈칸에 들어갈 낱말을 받아쓰세요.

④ 망가진 그물을 깁 다 .
낡은 그물에 다른 조각을 대거나 꿰맨다는 뜻이므로 '깁다'를 씁니다.

⑤ 수영장이 매우 깊 다 .

65

2일 -장이 / -쟁이

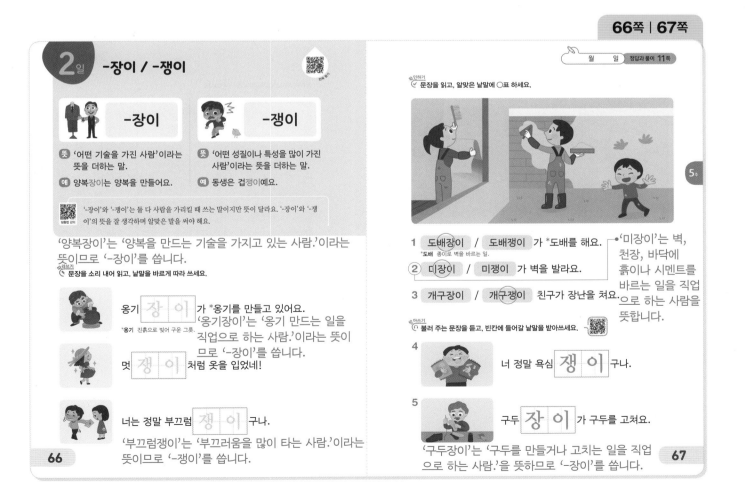

-장이

뜻 '어떤 기술을 가진 사람'이라는 뜻을 더하는 말.
예 양복장이는 양복을 만들어요.

-쟁이

뜻 '어떤 성질이나 특성을 많이 가진 사람'이라는 뜻을 더하는 말.
예 동생은 겁쟁이예요.

'-장이'와 '-쟁이'는 둘 다 사람을 가리킬 때 쓰는 말이지만 뜻이 달라요. '-장이'와 '-쟁이'의 뜻을 잘 생각하며 알맞은 말을 써야 해요.

'양복장이'는 '양복을 만드는 기술을 가지고 있는 사람.'이라는 뜻이므로 '-장이'를 씁니다.

따라쓰기
문장을 소리 내어 읽고, 낱말을 바르게 따라 쓰세요.

옹기 장 이 가 *옹기를 만들고 있어요.
'옹기장이'는 '옹기 만드는 일을 직업으로 하는 사람.'이라는 뜻이므로 '-장이'를 씁니다.

*옹기 진흙으로 빚어 구운 그릇.

멋 쟁 이 처럼 옷을 입었네!

너는 정말 부끄럼 쟁 이 구나.
'부끄럼쟁이'는 '부끄러움을 많이 타는 사람.'이라는 뜻이므로 '-쟁이'를 씁니다.

66

읽하기
문장을 읽고, 알맞은 낱말에 ○표 하세요.

월 일 정답과 풀이 11쪽

1 (도배장이) / 도배쟁이 가 *도배를 해요.
*도배 종이로 벽을 바르는 일.

2 (미장이) / 미쟁이 가 벽을 발라요.

3 개구장이 / (개구쟁이) 친구가 장난을 쳐요.

•'미장이'는 벽, 천장, 바닥에 흙이나 시멘트를 바르는 일을 직업으로 하는 사람을 뜻합니다.

받아쓰기
불러 주는 문장을 듣고, 빈칸에 들어갈 낱말을 받아쓰세요.

4 너 정말 욕심 쟁 이 구나.

5 구두 장 이 가 구두를 고쳐요.
'구두장이'는 '구두를 만들거나 고치는 일을 직업으로 하는 사람.'을 뜻하므로 '-장이'를 씁니다.

67

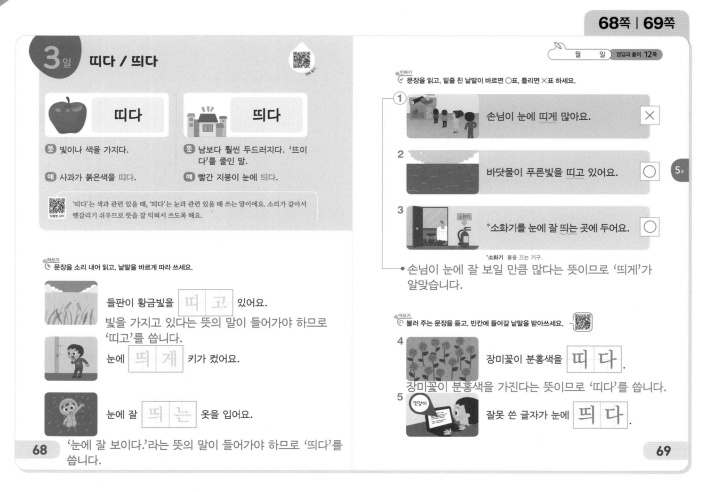

3일 띠다 / 띄다

띠다

띄다

뜻 빛이나 색을 가지다.

예 사과가 붉은색을 띠다.

뜻 남보다 훨씬 두드러지다. '뜨이다'를 줄인 말.

예 빨간 지붕이 눈에 띄다.

'띠다'는 색과 관련 있을 때, '띄다'는 눈과 관련 있을 때 쓰는 말이에요. 소리가 같아서 헷갈리기 쉬우므로 뜻을 잘 익혀서 쓰도록 해요.

문장을 소리 내어 읽고, 낱말을 바르게 따라 쓰세요.

들판이 황금빛을 [띠고] 있어요.

빛을 가지고 있다는 뜻의 말이 들어가야 하므로 '띠고'를 씁니다.

눈에 [띄게] 키가 컸어요.

눈에 잘 [띄는] 옷을 입어요.

'눈에 잘 보이다.'라는 뜻의 말이 들어가야 하므로 '띄다'를 씁니다.

월 일 정답과 풀이 12쪽

문장을 읽고, 밑줄 친 낱말이 바르면 ○표, 틀리면 ×표 하세요.

1 손님이 눈에 띠게 많아요. ×

2 바닷물이 푸른빛을 띠고 있어요. ○

3 *소화기를 눈에 잘 띄는 곳에 두어요. ○

*소화기 불을 끄는 기구.

• 손님이 눈에 잘 보일 만큼 많다는 뜻이므로 '띄게'가 알맞습니다.

불러 주는 문장을 듣고, 빈칸에 들어갈 낱말을 받아쓰세요.

4 장미꽃이 분홍색을 [띠다].

장미꽃이 분홍색을 가진다는 뜻이므로 '띠다'를 씁니다.

5 잘못 쓴 글자가 눈에 [띄다].

4일 찢다 / 찧다

찢다

찧다

뜻 무엇을 갈라지게 하다.

예 색종이를 찢다.

뜻 곡식 따위를 작게 만들려고 절구에 넣고 공이로 내리치다.

예 콩을 찧다.

'찢다'는 [찓따], '찧다'는 [찌타]로 읽을 때 비슷하게 소리 나지만 뜻이 다른 낱말이에요. 받침에 따라 다른 말이 되므로 잘 구별하여 써야 해요.

• 갈라지게 한다는 뜻의 말이 들어가야 하므로 '찢다'를 씁니다.

문장을 소리 내어 읽고, 낱말을 바르게 따라 쓰세요.

김치를 [찢어] 먹어요.

달력을 한 장 [찢어요].

쌀을 [찧어] 죽을 끓여요.

쌀을 절구에 넣고 내리친다는 뜻의 말이 들어가야 하므로 '찧어'를 씁니다.

월 일 정답과 풀이 12쪽

문장을 읽고, 알맞은 낱말에 ○표 하세요.

1 공책을 {찢어요 / 찧어요}.

• 마늘의 크기를 작게 하기 위해 절구에 넣고 내리쳤다는 뜻이므로 '찧어'가 알맞습니다.

2 마늘을 {찢어 / 찧어} 김치에 넣어요.

3 강아지가 책을 {찢고 / 찧고} 도망가요.

책을 갈라지게 했다는 뜻이므로 '찢고'가 알맞습니다.

불러 주는 문장을 듣고, 빈칸에 들어갈 낱말을 받아쓰세요.

4 꽃잎을 [찧다].

5 편지봉투를 [찢다].

• 꽃잎을 작게 하려고 절구에 넣고 공이로 내리친다는 뜻이므로 '찧다'를 씁니다.

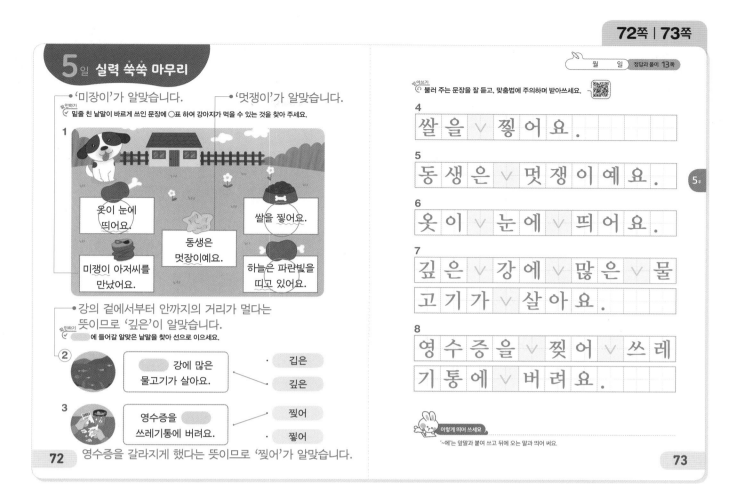

5일 실력 쑥쑥 마무리

• '미장이'가 알맞습니다. • '멋쟁이'가 알맞습니다.

밑줄 친 낱말이 바르게 쓰인 문장에 ○표 하여 강아지가 먹을 수 있는 것을 찾아 주세요.

1

옷이 눈에 띄어요.

쌀을 찧어요.

동생은 멋장이예요.

미쟁이 아저씨를 만났어요.

하늘은 파란빛을 띠고 있어요.

• 강의 겉에서부터 안까지의 거리가 멀다는 뜻이므로 '깊은'이 알맞습니다.

에 들어갈 알맞은 낱말을 찾아 선으로 이으세요.

2 ☐☐ 강에 많은 물고기가 살아요. · 깁은
· 깊은

3 영수증을 ☐☐ 쓰레기통에 버려요. · 찧어
· 찢어

영수증을 갈라지게 했다는 뜻이므로 '찢어'가 알맞습니다.

72

불러 주는 문장을 잘 듣고, 맞춤법에 주의하며 받아쓰세요.

4

| 쌀 | 을 | ∨ | 찧 | 어 | 요 | . | | |

5

| 동 | 생 | 은 | ∨ | 멋 | 쟁 | 이 | 예 | 요 | . |

6

| 옷 | 이 | ∨ | 눈 | 에 | ∨ | 띄 | 어 | 요 | . |

7

| 깊 | 은 | ∨ | 강 | 에 | ∨ | 많 | 은 | ∨ | 물 |
| 고 | 기 | 가 | ∨ | 살 | 아 | 요 | . | | |

8

| 영 | 수 | 증 | 을 | ∨ | 찢 | 어 | ∨ | 쓰 | 레 |
| 기 | 통 | 에 | ∨ | 버 | 려 | 요 | . | | |

이렇게 띄어 쓰세요
'~에'는 앞말과 붙여 쓰고 뒤에 오는 말과 띄어 써요.

73

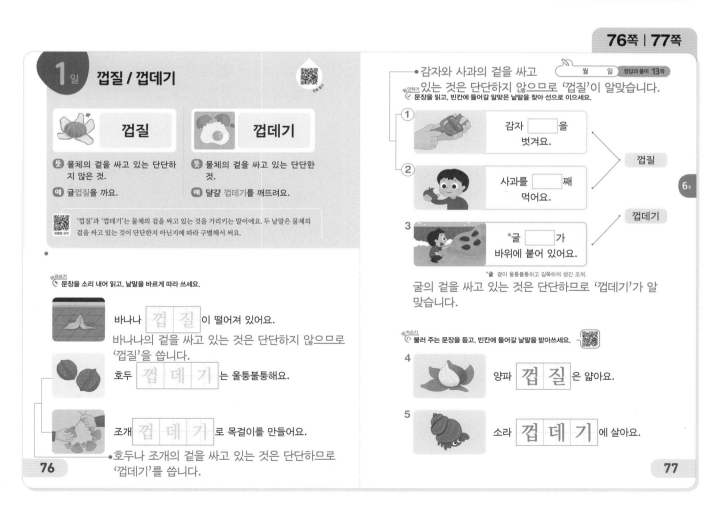

1일 껍질 / 껍데기

껍질	껍데기
뜻 물체의 겉을 싸고 있는 단단하지 않은 것.	뜻 물체의 겉을 싸고 있는 단단한 것.
예 귤 껍질을 까요.	예 달걀 껍데기를 깨뜨려요.

'껍질'과 '껍데기'는 물체의 겉을 싸고 있는 것을 가리키는 말이에요. 두 낱말은 물체의 겉을 싸고 있는 것이 단단한지 아닌지에 따라 구별해서 써요.

문장을 소리 내어 읽고, 낱말을 바르게 따라 쓰세요.

바나나 | 껍 | 질 | 이 떨어져 있어요.
바나나의 겉을 싸고 있는 것은 단단하지 않으므로 '껍질'을 씁니다.

호두 | 껍 | 데 | 기 | 는 울퉁불퉁해요.

조개 | 껍 | 데 | 기 | 로 목걸이를 만들어요.
• 호두나 조개의 겉을 싸고 있는 것은 단단하므로 '껍데기'를 씁니다.

76

• 감자와 사과의 겉을 싸고 있는 것은 단단하지 않으므로 '껍질'이 알맞습니다.

문장을 읽고, 빈칸에 들어갈 알맞은 낱말을 찾아 선으로 이으세요.

1 감자 ☐☐을 벗겨요.

2 사과를 ☐☐째 먹어요.

→ 껍질

3 *굴 ☐☐가 바위에 붙어 있어요.

→ 껍데기

*굴: 겉이 울퉁불퉁하고 길쭉하게 생긴 조개.

굴의 겉을 싸고 있는 것은 단단하므로 '껍데기'가 알맞습니다.

불러 주는 문장을 듣고, 빈칸에 들어갈 낱말을 받아쓰세요.

4 양파 | 껍 | 질 | 은 얇아요.

5 소라 | 껍 | 데 | 기 | 에 살아요.

77

2일 시키다 / 식히다

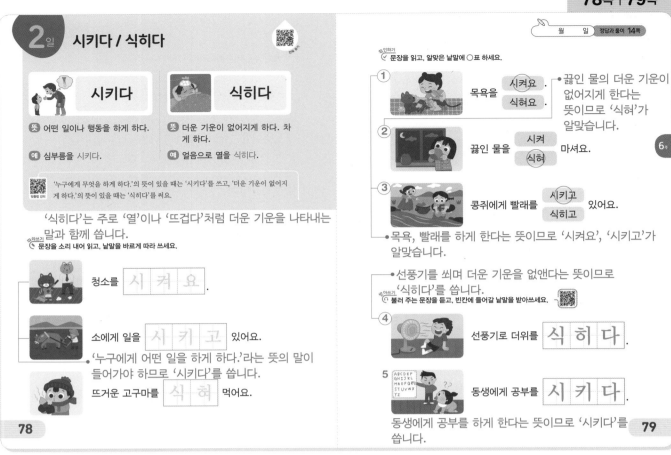

시키다

뜻 어떤 일이나 행동을 하게 하다.

예 심부름을 시키다.

식히다

뜻 더운 기운이 없어지게 하다. 차게 하다.

예 얼음으로 열을 식히다.

'누구에게 무엇을 하게 하다.'의 뜻이 있을 때는 '시키다'를 쓰고, '더운 기운이 없어지게 하다.'의 뜻이 있을 때는 '식히다'를 써요.

'식히다'는 주로 '열'이나 '뜨겁다'처럼 더운 기운을 나타내는 말과 함께 씁니다.

따라쓰기 문장을 소리 내어 읽고, 낱말을 바르게 따라 쓰세요.

청소를 **시켜요** .

소에게 일을 **시키고** 있어요.

'누구에게 어떤 일을 하게 하다.'라는 뜻의 말이 들어가야 하므로 '시키다'를 씁니다.

뜨거운 고구마를 **식혀** 먹어요.

확인하기 문장을 읽고, 알맞은 낱말에 ○표 하세요.

① 목욕을 (시켜요 / 식혀요)

• 끓인 물의 더운 기운이 없어지게 한다는 뜻이므로 '식혀'가 알맞습니다.

② 끓인 물을 (시켜 / 식혀) 마셔요.

③ 콩쥐에게 빨래를 (시키고 / 식히고) 있어요.

• 목욕, 빨래를 하게 한다는 뜻이므로 '시켜요', '시키고'가 알맞습니다.

• 선풍기를 쐬며 더운 기운을 없앤다는 뜻이므로 '식히다'를 씁니다.

받아쓰기 불러 주는 문장을 듣고, 빈칸에 들어갈 낱말을 받아쓰세요.

④ 선풍기로 더위를 **식 히 다** .

⑤ 동생에게 공부를 **시 키 다** .

동생에게 공부를 하게 한다는 뜻이므로 '시키다'를 씁니다.

78

79

3일 묵다 / 묶다

묵다

뜻 어디에서 손님으로 머물다.

예 친구 집에 묵다.

묶다

뜻 끈이나 줄 따위를 매듭으로 만들다.

예 허리끈을 묶다.

'묵다'와 '묶다'는 읽을 때 [묵따]로 소리가 같아서 헷갈리기 쉬워요. 글자의 모양도 비슷해서 잘못 쓰기 쉬우므로 뜻을 잘 구별해서 쓰도록 해요.

'묵다'는 주로 장소를 나타내는 말과 함께 씁니다.

따라쓰기 문장을 소리 내어 읽고, 낱말을 바르게 따라 쓰세요.

하룻밤만 **묵 고** 갈게요.

하룻밤만 지내고 간다는 뜻의 말이 들어가야 하므로 '묵고'를 씁니다.

선물을 리본으로 **묶 어 요** .

엄마께서 머리카락을 **묶 어** 주셨어요.

• 끊어진 줄을 매듭으로 만든다는 뜻이므로 '묶어요'가 알맞습니다.

확인하기 문장을 읽고, 밑줄 친 낱말이 바르면 ○표, 틀리면 ✕표 하세요.

① 끊어진 줄을 묵어요. [✕]

② 주머니를 끈으로 묶어 두었어요. [○]

③ 바다가 보이는 방에 묶고 있어요. [✕]

바다가 보이는 방에 머물고 있다는 뜻이므로 '묵고'가 알맞습니다.

받아쓰기 불러 주는 문장을 듣고, 빈칸에 들어갈 낱말을 받아쓰세요.

④ 할머니 댁에 **묵 다** .

'묶다'로 쓰지 않도록 주의합니다.

⑤ 운동화 끈을 **묶 다** .

'묵다'로 쓰지 않도록 주의합니다.

80

81

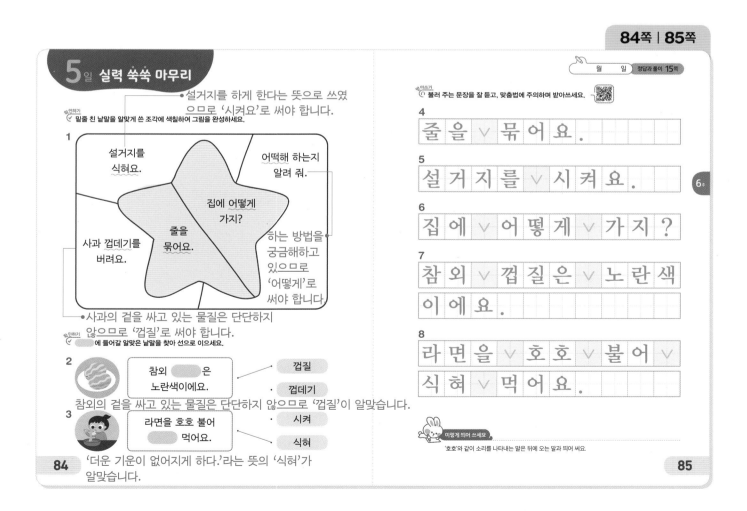

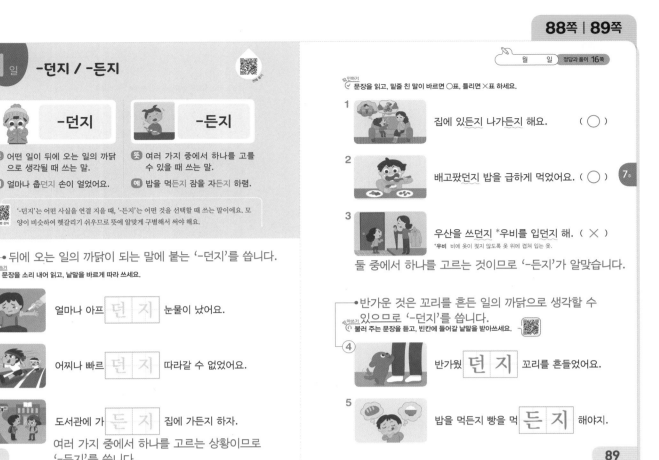

1일 -던지 / -든지

-던지

뜻 어떤 일이 뒤에 오는 일의 까닭으로 생각될 때 쓰는 말.

예 얼마나 춥던지 손이 얼었어요.

-든지

뜻 여러 가지 중에서 하나를 고를 수 있을 때 쓰는 말.

예 밥을 먹든지 잠을 자든지 하렴.

'-던지'는 어떤 사실을 연결 지을 때, '-든지'는 어떤 것을 선택할 때 쓰는 말이에요. 모양이 비슷하여 헷갈리기 쉬우므로 뜻에 알맞게 구별해서 써야 해요.

• 뒤에 오는 일의 까닭이 되는 말에 붙는 '-던지'를 씁니다.

따라쓰기
문장을 소리 내어 읽고, 낱말을 바르게 따라 쓰세요.

얼마나 아프 **던 지** 눈물이 났어요.

어찌나 빠르 **던 지** 따라갈 수 없었어요.

도서관에 가 **든 지** 집에 가든지 하자.
여러 가지 중에서 하나를 고르는 상황이므로
'-든지'를 씁니다.

88

확인하기
문장을 읽고, 밑줄 친 말이 바르면 ○표, 틀리면 ✕표 하세요.

1 집에 있든지 나가든지 해요. (○)

2 배고팠던지 밥을 급하게 먹었어요. (○)

3 우산을 쓰던지 *우비를 입던지 해. (✕)
*우비 비에 옷이 젖지 않도록 옷 위에 겹쳐 입는 옷.
둘 중에서 하나를 고르는 것이므로 '-든지'가 알맞습니다.

• 반가운 것은 꼬리를 흔든 일의 까닭으로 생각할 수 있으므로 '-던지'를 씁니다.

받아쓰기
불러 주는 문장을 듣고, 빈칸에 들어갈 낱말을 받아쓰세요.

4 반가웠 **던 지** 꼬리를 흔들었어요.

5 밥을 먹든지 빵을 먹 **든 지** 해야지.

89

2일 대로 / 데로

대로

뜻 어떤 모양이나 상태와 같이.

예 보이는 대로 그려요.

데로

뜻 장소를 뜻하는 '데' 뒤에 방향을 나타내는 '로'가 붙은 말.

예 밝은 데로 나왔어요.

'대로'는 '본 대로', '느낀 대로'처럼 '앞에 말한 것과 똑같이'라는 뜻을 나타낼 때 쓰고, '데로'는 어떤 장소를 가리켜 말할 때 써요. 뜻을 잘 구별하여 알맞게 쓰도록 해요.

'데로'는 '곳으로'와 바꾸어 쓸 수 있습니다.

따라쓰기
문장을 소리 내어 읽고, 낱말을 바르게 따라 쓰세요.

들은 **대 로** 말해요.
모양, 상태를 그대로 나타낸다는 뜻의
'대로'를 씁니다.

약속한 **대 로** 지켜야 해.

그늘이 있는 **데 로** 가요.

90

• '어떤 모양이나 상태와 같이.'라는 뜻의 '대로'가 알맞습니다.

확인하기
문장을 읽고, 빈칸에 들어갈 알맞은 낱말을 찾아 선으로 이으세요.

1 시키는 [ ] 해요.

2 왔던 [ ] 돌아가자.

3 아는 [ ] 대답해요.

대로

데로

• 왔던 곳으로 돌아가자는 뜻이므로 '데로'가 알맞습니다.

받아쓰기
불러 주는 문장을 듣고, 빈칸에 들어갈 낱말을 받아쓰세요.

4 의자를 다른 **데 로** 옮겨요.
의자를 다른 곳으로 옮긴다는 뜻이므로
'데로'가 알맞습니다.

5 책을 읽고 느낀 **대 로** 말해요.

책을 읽고 느낀 그대로 말하라는 뜻이므로
'대로'를 씁니다.

91

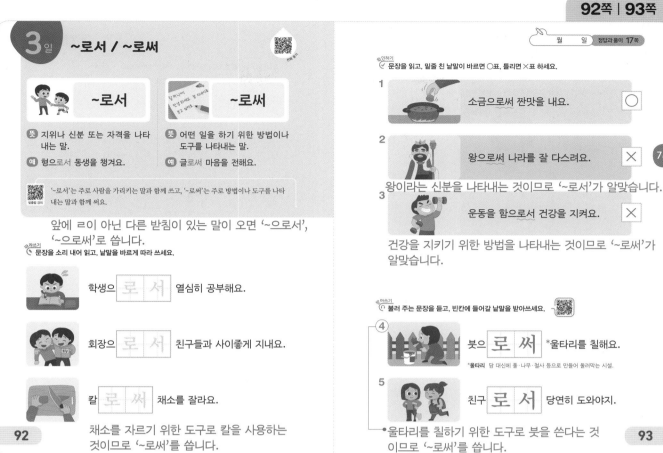

3일 ~로서 / ~로써

~로서

뜻 지위나 신분 또는 자격을 나타내는 말.
예 형으로서 동생을 챙겨요.

~로써

뜻 어떤 일을 하기 위한 방법이나 도구를 나타내는 말.
예 글로써 마음을 전해요.

'~로서'는 주로 사람을 가리키는 말과 함께 쓰고, '~로써'는 주로 방법이나 도구를 나타내는 말과 함께 써요.

앞에 ㄹ이 아닌 다른 받침이 있는 말이 오면 '~으로서', '~으로써'로 씁니다.

따라쓰기 문장을 소리 내어 읽고, 낱말을 바르게 따라 쓰세요.

학생으 로서 열심히 공부해요.

회장으 로서 친구들과 사이좋게 지내요.

칼 로써 채소를 잘라요.

채소를 자르기 위한 도구로 칼을 사용하는 것이므로 '~로써'를 씁니다.

확인하기 문장을 읽고, 밑줄 친 낱말이 바르면 ○표, 틀리면 ✕표 하세요.

1 소금으로써 짠맛을 내요. ○

2 왕으로써 나라를 잘 다스려요. ✕

왕이라는 신분을 나타내는 것이므로 '~로서'가 알맞습니다.

3 운동을 함으로서 건강을 지켜요. ✕

건강을 지키기 위한 방법을 나타내는 것이므로 '~로써'가 알맞습니다.

받아쓰기 불러 주는 문장을 듣고, 빈칸에 들어갈 낱말을 받아쓰세요.

4 붓으 로써 *울타리를 칠해요.
*울타리 담 대신에 풀·나무·철사 등으로 만들어 둘러막는 시설.

5 친구 로서 당연히 도와야지.

울타리를 칠하기 위한 도구로 붓을 쓴다는 것이므로 '~로써'를 씁니다.

92   93

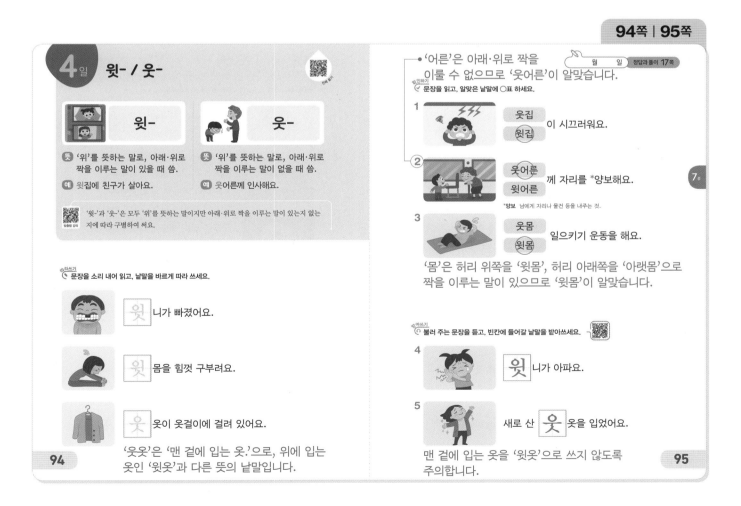

4일 윗- / 웃-

윗-

뜻 '위'를 뜻하는 말로, 아래·위로 짝을 이루는 말이 있을 때 씀.
예 윗집에 친구가 살아요.

웃-

뜻 '위'를 뜻하는 말로, 아래·위로 짝을 이루는 말이 없을 때 씀.
예 웃어른께 인사해요.

'윗-'과 '웃-'은 모두 '위'를 뜻하는 말이지만 아래·위로 짝을 이루는 말이 있는지 없는지에 따라 구별하여 써요.

따라쓰기 문장을 소리 내어 읽고, 낱말을 바르게 따라 쓰세요.

윗 니가 빠졌어요.

윗 몸을 힘껏 구부려요.

웃 옷이 옷걸이에 걸려 있어요.

'웃옷'은 '맨 겉에 입는 옷.'으로, 위에 입는 옷인 '윗옷'과 다른 뜻의 낱말입니다.

'어른'은 아래·위로 짝을 이룰 수 없으므로 '웃어른'이 알맞습니다.

확인하기 문장을 읽고, 알맞은 낱말에 ○표 하세요.

1 웃집 / 윗집 이 시끄러워요.

2 웃어른 / 윗어른 께 자리를 *양보해요.
*양보 남에게 자리나 물건 등을 내주는 것.

3 웃몸 / 윗몸 일으키기 운동을 해요.

'몸'은 허리 위쪽을 '윗몸', 허리 아래쪽을 '아랫몸'으로 짝을 이루는 말이 있으므로 '윗몸'이 알맞습니다.

받아쓰기 불러 주는 문장을 듣고, 빈칸에 들어갈 낱말을 받아쓰세요.

4 윗 니가 아파요.

5 새로 산 웃 옷을 입었어요.

맨 겉에 입는 옷을 '윗옷'으로 쓰지 않도록 주의합니다.

94   95

5일 실력 쑥쑥 마무리

• '윗집'으로 써야 합니다.

• '웃어른'으로 써야 합니다.

확인하기
☑ 밑줄 친 낱말을 바르게 쓴 것에 ○표 하여 친구의 신발을 찾아 주세요.

1

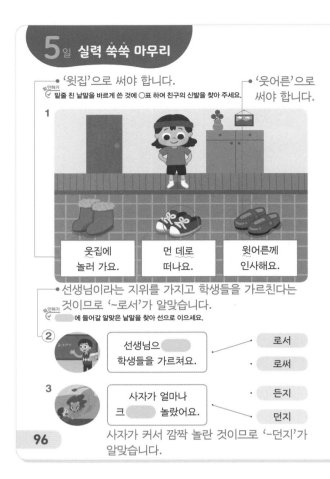

웃집에
놀러 가요.

먼 데로
떠나요.

윗어른께
인사해요.

• 선생님이라는 지위를 가지고 학생들을 가르친다는 것이므로 '~로서'가 알맞습니다.

확인하기
☑ ⬜에 들어갈 알맞은 낱말을 찾아 선으로 이으세요.

2 선생님으⬜ 학생들을 가르쳐요.

• 로서
• 로써

3 사자가 얼마나 크⬜ 놀랐어요.

• 든지
• 던지

사자가 커서 깜짝 놀란 것이므로 '-던지'가 알맞습니다.

96

월 일 정답과 풀이 18쪽

받아쓰기
불러 주는 문장을 잘 듣고, 맞춤법에 주의하며 받아쓰세요.

4

| 먼 | ∨ | 데 | 로 | ∨ | 떠 | 나 | 요 | . |

5

| 윗 | 집 | 에 | ∨ | 놀 | 러 | ∨ | 가 | 요 | . |

6

| 웃 | 어 | 른 | 께 | ∨ | 인 | 사 | 해 | 요 | . |

7

| 선 | 생 | 님 | 으 | 로 | 서 | ∨ | 학 | 생 | 들 |
| 을 | ∨ | 가 | 르 | 쳐 | 요 | . |

8

| 사 | 자 | 가 | ∨ | 얼 | 마 | 나 | ∨ | 크 | 던 |
| 지 | ∨ | 놀 | 랐 | 어 | 요 | . |

7주

이렇게 띄어 쓰세요
'대로'나 '데로'는 앞말과 띄어 쓰고, '~로서'나 '로써'는 앞말과 붙여 써요.

97

1일 굳다 / 궂다

굳다

뜻 단단하지 않던 것이 단단해진다.

예 기름이 굳다.

궂다

뜻 비나 눈이 내려 날씨가 좋지 않다.

예 오늘은 날씨가 궂다.

'굳다'와 '궂다'는 읽을 때 소리가 같아서 잘못 쓰기 쉬워요. '무엇이 단단해지다.'라는 뜻일 때는 '굳다'를, '날씨가 나쁘다.'라는 뜻일 때는 '궂다'를 쓴다는 것을 기억하세요.

'굳다'에는 '몸이 뻣뻣하게 되다.'라는 뜻도 있습니다.
'궂다'에는 '힘들고 어렵거나 나쁘다.'라는 뜻도 있습니다.

따라쓰기
문장을 소리 내어 읽고, 낱말을 바르게 따라 쓰세요.

꿀이 | 굳 | 어 | 버렸어요.

물감이 | 굳 | 으 | 면 | 잘 짜지지 않아요.

비바람이 치는 | 궂 | 은 | 날씨예요.

100

• 단단하지 않던 것이 단단해졌다는 뜻이므로 '굳어', '굳으면'이 알맞습니다.

확인하기
☑ 문장을 읽고, 알맞은 낱말을 사용한 문장에 ✓표 하세요.

1
☑ 빵이 굳어 딱딱해요.
☐ 빵이 궂어 딱딱해요.

2
☑ 찰흙이 굳으면 색을 칠해요.
☐ 찰흙이 궂으면 색을 칠해요.

3
☐ 굳은 날씨 때문에 파도가 높아요.
☑ 궂은 날씨 때문에 파도가 높아요.

날씨가 나빠서 파도가 높다는 것이므로 '궂은'이 알맞습니다.

받아쓰기
불러 주는 문장을 듣고, 빈칸에 들어갈 낱말을 받아쓰세요.

4
밀가루 *반죽이 | 굳 | 다 | .

*반죽 가루에 물을 섞어 개는 것. 또는 그렇게 한 것.

5
산을 오르기에 날씨가 | 궂 | 다 | .

8주

101

2일 꼽다 / 꽂다

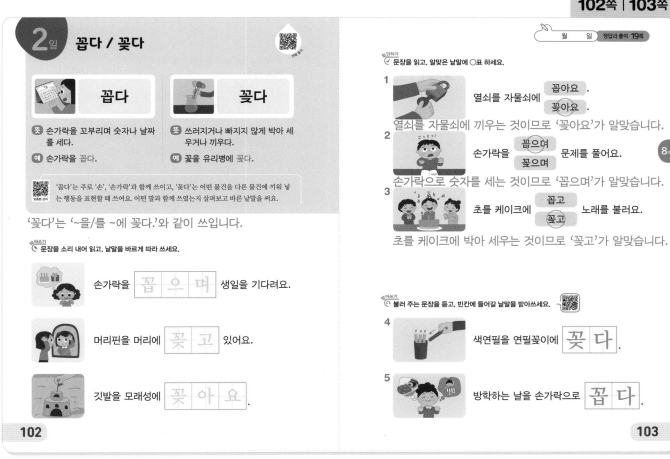

꼽다

뜻 손가락을 꼬부리며 숫자나 날짜를 세다.
예 손가락을 꼽다.

꽂다

뜻 쓰러지거나 빠지지 않게 박아 세우거나 끼우다.
예 꽃을 유리병에 꽂다.

'꼽다'는 주로 '손', '손가락'과 함께 쓰이고, '꽂다'는 어떤 물건을 다른 물건에 끼워 넣는 행동을 표현할 때 쓰여요. 어떤 말과 함께 쓰였는지 살펴보고 바른 낱말을 써요.

'꽂다'는 '~을/를 ~에 꽂다.'와 같이 쓰입니다.

따라쓰기
문장을 소리 내어 읽고, 낱말을 바르게 따라 쓰세요.

손가락을 | 꼽 | 으 | 며 | 생일을 기다려요.

머리핀을 머리에 | 꽂 | 고 | 있어요.

깃발을 모래성에 | 꽂 | 아 | 요 |.

102

확인하기
문장을 읽고, 알맞은 낱말에 ○표 하세요.

1 열쇠를 자물쇠에 ⟨꼽아요 / 꽂아요⟩.
열쇠를 자물쇠에 끼우는 것이므로 '꽂아요'가 알맞습니다.

2 손가락을 ⟨꼽으며 / 꽂으며⟩ 문제를 풀어요.
손가락으로 숫자를 세는 것이므로 '꼽으며'가 알맞습니다.

3 초를 케이크에 ⟨꼽고 / 꽂고⟩ 노래를 불러요.
초를 케이크에 박아 세우는 것이므로 '꽂고'가 알맞습니다.

받아쓰기
불러 주는 문장을 듣고, 빈칸에 들어갈 낱말을 받아쓰세요.

4 색연필을 연필꽂이에 | 꽂 | 다 |.

5 방학하는 날을 손가락으로 | 꼽 | 다 |.

103

3일 뺏다 / 뺐다

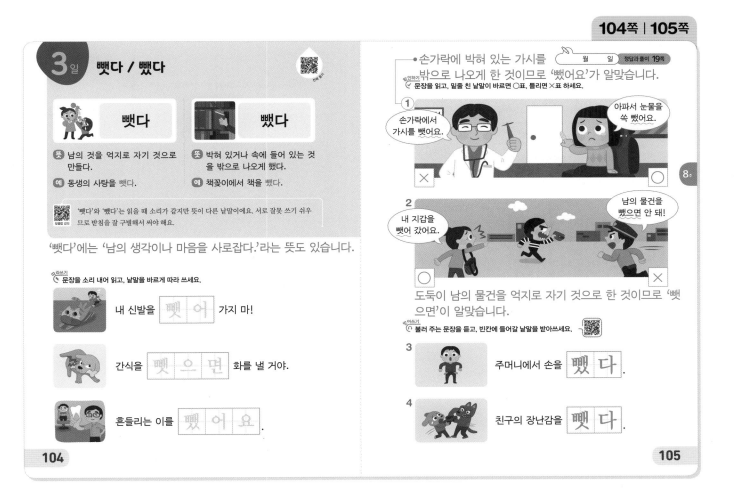

뺏다

뜻 남의 것을 억지로 자기 것으로 만든다.
예 동생의 사탕을 뺏다.

뺐다

뜻 박혀 있거나 속에 들어 있는 것을 밖으로 나오게 했다.
예 책꽂이에서 책을 뺐다.

'뺏다'와 '뺐다'는 읽을 때 소리가 같지만 뜻이 다른 낱말이에요. 서로 잘못 쓰기 쉬우므로 받침을 잘 구별해서 써야 해요.

'뺏다'에는 '남의 생각이나 마음을 사로잡다.'라는 뜻도 있습니다.

따라쓰기
문장을 소리 내어 읽고, 낱말을 바르게 따라 쓰세요.

내 신발을 | 뺏 | 어 | 가지 마!

간식을 | 뺏 | 으 | 면 | 화를 낼 거야.

흔들리는 이를 | 뺐 | 어 | 요 |.

104

손가락에 박혀 있는 가시를 밖으로 나오게 한 것이므로 '뺐어요'가 알맞습니다.

확인하기
문장을 읽고, 밑줄 친 낱말이 바르면 ○표, 틀리면 ×표 하세요.

1 손가락에서 가시를 뺏어요. ×
아파서 눈물을 쏙 뺐어요. ○

2 내 지갑을 뺏어 갔어요. ○
남의 물건을 뺏으면 안 돼! ×
도둑이 남의 물건을 억지로 자기 것으로 한 것이므로 '뺏으면'이 알맞습니다.

받아쓰기
불러 주는 문장을 듣고, 빈칸에 들어갈 낱말을 받아쓰세요.

3 주머니에서 손을 | 뺐 | 다 |.

4 친구의 장난감을 | 뺏 | 다 |.

105

4일 젓다 / 젖다

월 일 정답과 풀이 20쪽

젓다
뜻 물, 가루 등이 잘 섞이도록 기구를 넣고 이리저리 돌리다.
예 팥죽을 젓다.

젖다
뜻 물이 배어 축축하게 되다.
예 옷이 땀에 젖다.

'젓다'와 '젖다'는 읽을 때 소리가 같아서 쓸 때 헷갈리기 쉬워요. 그러므로 낱말의 뜻을 정확하게 알고, 문장에 알맞은 낱말을 바르게 쓰도록 노력해야 해요.

'젖다'와 반대되는 뜻을 가진 낱말은 '물기가 다 날아가서 없어지다.'라는 뜻의 '마르다'입니다.

따라쓰기 문장을 소리 내어 읽고, 낱말을 바르게 따라 쓰세요.

얼음 넣은 음료수를 [젓고] 있어요.
음료수에 얼음을 넣어 잘 섞이게 하는 것이므로 '젓고'를 씁니다.

책이 [젖었어요].

머리카락이 [젖어] 있어요.

106

확인하기 문장을 읽고, 밑줄 친 낱말이 바르면 ○표, 틀리면 ×표 하세요.

1 카레를 젓고 있어요. (○)

2 풀잎이 이슬에 젖었어요. (×)
풀잎이 물 때문에 축축하게 되었다는 것이므로 '젖었어요'가 알맞습니다.

3 옷이 물에 젖어 버렸어요. (○)

받아쓰기 불러 주는 문장을 듣고, 빈칸에 들어갈 낱말을 받아쓰세요.

4 우유에 꿀을 넣고 [젓다].

5 신발이 *흙탕물에 [젖다].
*흙탕물 흙이 풀어져 몹시 흐려진 물.
흙탕물 때문에 신발이 축축하게 된 것이므로 '젖다'를 씁니다.

107

5일 실력 쑥쑥 마무리

월 일 정답과 풀이 20쪽

가방에 물이 배어 축축해졌다는 뜻이므로 '젖었어요'로 써야 합니다.

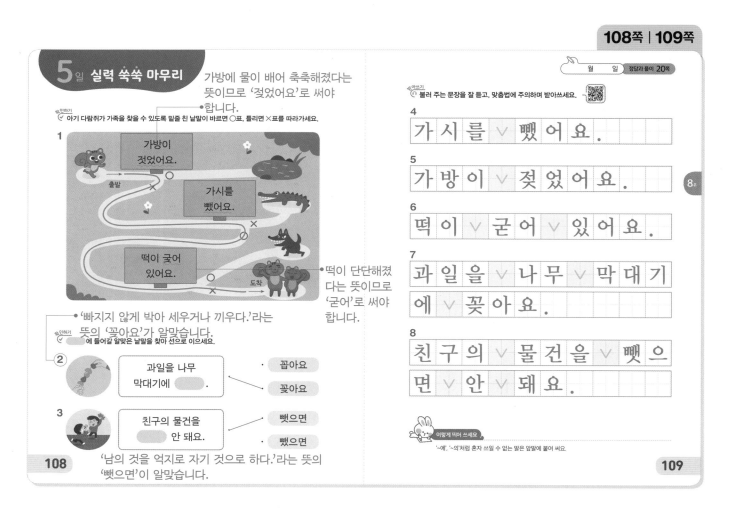

확인하기 아기 다람쥐가 가족을 찾을 수 있도록 밑줄 친 낱말이 바르면 ○표, 틀리면 ×표를 따라가세요.

1 출발
가방이 젓었어요.
가시를 뺏어요.
떡이 굴어 있어요.
도착

• 떡이 단단해졌다는 뜻이므로 '굳어'로 써야 합니다.

• '빠지지 않게 박아 세우거나 끼우다.'라는 뜻의 '꽂아요'가 알맞습니다.

확인하기 에 들어갈 알맞은 낱말을 찾아 선으로 이으세요.

2 과일을 나무 막대기에 ___ · 꼽아요
· 꽂아요

3 친구의 물건을 ___ 안 돼요. · 뺏으면
· 뺐으면

'남의 것을 억지로 자기 것으로 하다.'라는 뜻의 '뺏으면'이 알맞습니다.

108

받아쓰기 불러 주는 문장을 잘 듣고, 맞춤법에 주의하며 받아쓰세요.

4 가시를 ∨ 뺏어요.

5 가방이 ∨ 젖었어요.

6 떡이 ∨ 굳어 ∨ 있어요.

7 과일을 ∨ 나무 ∨ 막대기에 ∨ 꽂아요.

8 친구의 ∨ 물건을 ∨ 뺏으면 ∨ 안 ∨ 돼요.

이렇게 띄어 쓰세요
'~에', '~의'처럼 혼자 쓰일 수 없는 말은 앞말에 붙여 써요.

109

받아쓰기 대본

띄어쓰기를 생각하며 정확한 발음으로 읽어 주세요. 문장 부호도 함께 읽어 주세요.
받아쓰기 문제의 QR코드를 통해서도 내용을 들으실 수 있습니다.

✎ 1주

17쪽

4 공룡이 발자국을 남겼어요.

5 정류장에서 친구를 만나요.

19쪽

4 뚜껑을 닫는 중이에요.

5 컵을 놓는 소리가 나요.

21쪽

4 물놀이할 준비를 해요.

5 칼날에 손가락을 베였어요.

23쪽

4 한라산에 올라요.

5 축구 경기를 관람하러 가요.

25쪽

4 줄넘기를 ∨ 해요.

5 음료수를 ∨ 사요.

6 공룡은 ∨ 아주 ∨ 커요.

7 난로를 ∨ 켜니 ∨ 따뜻해요.

8 식탁에 ∨ 숟가락을 ∨ 놓는 ∨ 중이에요.

✎ 2주

29쪽

4 고기를 굽는 냄새가 나요.

5 고양이가 쥐를 잡는 중이에요.

31쪽

4 앞마당을 청소해요.

5 은혜를 갚는 방법을 찾았어요.

33쪽

4 저는 2학년이에요.

5 막내가 태어났어요.

35쪽

4 대통령은 국민이 뽑아요.

5 박물관에 사람이 많아요.

37쪽

4 박물관에 ∨ 가요.

5 입맛이 ∨ 좋아요.

6 높낮이가 ∨ 달라요.

7 바닥에 ∨ 국물을 ∨ 쏟았어요.

8 앞머리가 ∨ 많이 ∨ 자랐어요.

✏ **3주**

41쪽

4 의자에 바르게 앉 다 .

5 비를 맞은 고양이가 가 엾 다 .

43쪽

4 옷이 얇 다 .

5 어미 개가 새끼를 핥 다 .

45쪽

4 닭 이 알을 품어요.

5 무대에서 시를 읊 다 .

47쪽

4 주전자의 물이 끓 다 .

5 오늘은 기분이 괜 찮 다 .

49쪽

4 국 이 ∨ 끓 다 .

5 앞 머 리 가 ∨ 짧 다 .

6 무 릎 에 ∨ 손 을 ∨ 얹 다 .

7 비 가 ∨ 그 치 고 ∨ 나 니 ∨ 하 늘 이 ∨ 맑 다 .

8 달 걀 이 ∨ 깨 지 지 ∨ 않 도 록 ∨ 조 심 히 ∨ 삶 다 .

✏ **4주**

53쪽

3 배춧값이 좀 올랐어요.

4 나무에 거 꾸 로 매달려요.

55쪽

3 저녁을 먹고 설 거 지 해요.

4 옷 걸 이 에 걸린 옷을 주세요.

57쪽

4 강물에 돌 멩 이 를 던져요.

5 굴 알 맹 이 를 그릇에 담아요.

59쪽

4 이야기가 금 세 퍼졌어요.

5 요 새 저 가수가 유명해요.

61쪽

4 좀 ∨ 더 ∨ 먹 을 게 요 .

5 돌 멩 이 를 ∨ 주 워 요 .

6 요 새 ∨ 배 가 ∨ 아 파 요 .

7 설 거 지 를 ∨ 거 의 ∨ 다 ∨ 했 어 요 .

8 동 생 이 ∨ 신 발 을 ∨ 거 꾸 로 ∨ 신 었 어 요 .

65쪽

4 망가진 그물을 깁 다 .

5 수영장이 매우 깊 다 .

67쪽

4 너 정말 욕심 쟁 이 구나.

5 구두 장 이 가 구두를 고쳐요.

69쪽

4 장미꽃이 분홍색을 띠 다 .

5 잘못 쓴 글자가 눈에 띄 다 .

71쪽

4 꽃잎을 찧 다 .

5 편지봉투를 찢 다 .

73쪽

4 쌀을 ∨ 찧어요 .

5 동생은 ∨ 멋쟁이예요 .

6 옷이 ∨ 눈에 ∨ 띄어요 .

7 깊은 ∨ 강에 ∨ 많은 ∨ 물고기가 ∨ 살아요 .

8 영수증을 ∨ 찢어 ∨ 쓰레기통에 ∨ 버려요 .

77쪽

4 양파 껍 질 은 얇아요.

5 소라 껍 데 기 에 살아요.

79쪽

4 선풍기로 더위를 식 히 다 .

5 동생에게 공부를 시 키 다 .

81쪽

4 할머니 댁에 묵 다 .

5 운동화 끈을 묶 다 .

83쪽

4 이걸 어 떻 게 먹지?

5 하나도 모르겠어. 어 떡 해 .

85쪽

4 줄을 ∨ 묶어요 .

5 설거지를 ∨ 시켜요 .

6 집에 ∨ 어떻게 ∨ 가지 ?

7 참외 ∨ 껍질은 ∨ 노란색이에요 .

8 라면을 ∨ 호호 ∨ 불어 ∨ 식혀 ∨ 먹어요 .

✏️ **7주**

89쪽

4 반가웠 던 지 꼬리를 흔들었어요.

5 밥을 먹든지 빵을 먹 든 지 해야지.

91쪽

4 의자를 다른 데 로 옮겨요.

5 책을 읽고 느낀 대 로 말해요.

93쪽

4 붓으 로 써 울타리를 칠해요.

5 친구 로 서 당연히 도와야지.

95쪽

4 윗 니가 아파요.

5 새로 산 웃 옷을 입었어요.

97쪽

4 먼 ∨ 데 로 ∨ 떠 나 요 .

5 윗 집 에 ∨ 놀 러 ∨ 가 요 .

6 웃 어 른 께 ∨ 인 사 해 요 .

7 선 생 님 으 로 서 ∨ 학 생 들
을 ∨ 가 르 쳐 요 .

8 사 자 가 ∨ 얼 마 나 ∨ 크 던
지 ∨ 놀 랐 어 요 .

✏️ **8주**

101쪽

4 밀가루 반죽이 굳 다 .

5 산을 오르기에 날씨가 궂 다 .

103쪽

4 색연필을 연필꽂이에 꽂 다 .

5 방학하는 날을 손가락으로 꼽 다 .

105쪽

3 주머니에서 손을 뺐 다 .

4 친구의 장난감을 뺏 다 .

107쪽

4 우유에 꿀을 넣고 젓 다 .

5 신발이 흙탕물에 젖 다 .

109쪽

4 가 시 를 ∨ 뺐 어 요 .

5 가 방 이 ∨ 젖 었 어 요 .

6 떡 이 ∨ 굳 어 ∨ 있 어 요 .

7 과 일 을 ∨ 나 무 ∨ 막 대 기
에 ∨ 꽂 아 요 .

8 친 구 의 ∨ 물 건 을 ∨ 뺏 으
면 ∨ 안 ∨ 돼 요 .

동아출판

실수를 줄이는 한 끗 차이!

빈틈없는 연산서

• 교과서 전단원 연산 구성 • 하루 4쪽, 4단계 학습 • 실수 방지 팁 제공

수학의 기본

큐브

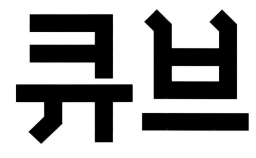

큐브 개념

초등 수학

2·1

교과서 개념을 다지는 기본서

개념 이해가 실력의 차이!

대체불가 개념서

• 교과서 개념 시각화 구성

• 수학익힘 교과서 완벽 학습

• 기본 강화책 제공

실력이 완성되는 강력한 차이!

새로워진 유형서

• 기본부터 응용까지 모든 유형 구성

• 대표 예제로 유형 해결 방법 학습

• 서술형 강화책 제공

큐브 유형

초등 수학

2·1

맞춤법 + 받아쓰기
정답과 풀이

동아출판 초등 무료 스마트러닝

bookdonga.com/element/lec

초등 ▼

전체 교재　학습 자료　**스마트러닝**

전체　동아전과　백점시리즈　큐브수학　백단

검색 자료 96　　옵션

백점수학 5-1 동영상 학습
개념 강의, 문제풀이 전략 강의

120강

맛보기

#초등5　#수학

동아출판 초등 **무료 스마트러닝**으로
초등 전 과목·전 영역을 쉽고 재미있게!

과목별·영역별 특화 강의

전 과목 개념 강의

국어 독해 지문 분석 강의

9씩 커지는! 9단

구구단 송

그림으로 이해하는 비주얼씽킹 강의

과학 실험 동영상 강의

과목별 문제 풀이 강의

서비스 제공 교재　동아전과 | 백점 시리즈 | 큐브 | 빠작 초등 국어 | 초능력 | 초고필 | 하이탑 초등 과학